国家社会科学基金(14CTJ002)成果

信息消费的统计测度与评价方法研究

张　肃 /著

科学出版社

北　京

内 容 简 介

本书以构建信息消费的统计测度与评价模型为思维主线，对居民信息消费问题进行了深入研究。首先分析了统计测度与评价的研究模式，包括宏观和微观的研究视角、城镇与农村的分析维度、统计测度与评价相辅相成的辩证关系，从而为构建统计测度与评价的理论体系理清了思路。其次基于宏观消费理论，运用描述性统计分析、探索性统计分析、协整分析、空间计量经济学和综合评价方法，对城乡居民信息消费行为进行统计测度与评价。最后基于微观调查数据和居民信息消费的购买决策过程，采用语言值综合评价方法和离散贝叶斯网络方法，研究了消费者购前评价和购后效用的评价方法。

本书可供统计学、管理科学与工程、经济学、情报学研究领域的科研工作者，以及相关专业的本科生、研究生阅读。

图书在版编目（CIP）数据

信息消费的统计测度与评价方法研究/张肃著. —北京：科学出版社，2020.5

ISBN 978-7-03-064776-4

Ⅰ．①信… Ⅱ．①张… Ⅲ．①居民-信息消费-研究-中国 Ⅳ．①F126.1

中国版本图书馆 CIP 数据核字（2020）第 055998 号

责任编辑：邓 娴 / 责任校对：王萌萌
责任印制：张 伟 / 封面设计：无极书装

科学出版社 出版

北京东黄城根北街 16 号
邮政编码：100717
http://www.sciencep.com

北京建宏印刷有限公司 印刷

科学出版社发行 各地新华书店经销

*

2020 年 5 月第 一 版 开本：720×1000 B5
2020 年 10 月第二次印刷 印张：8 1/2
字数：170 000

定价：76.00 元
（如有印装质量问题，我社负责调换）

前　　言

本书从宏观和微观两个视角构建对居民信息消费行为进行统计测度与评价的理论体系，分析统计测度与评价之间相辅相成的辩证关系。运用非参数回归方法测度边际消费倾向的变化规律。运用核密度估计方法研究信息消费的分布规律。在动态组合评价研究方法上，在第一阶段分析第一主成分方法的合理性；在第二阶段采用具有激励特征的五种主客观评价方法进行组合赋权，分析了城乡居民信息消费的空间相关性，以及当期信息消费会受到的三种内、外部影响，采用动态、静态空间面板模型得出城镇居民信息消费的耐用性特征和农村居民在信息消费支出方面尚没有形成消费习惯的结论。运用 Dagum 基尼系数及其按子群分解的方法对差异性进行测度，分析了地区差异、城乡差异的大小和来源。在地区间的差异收敛性检验中，通过引入空间相关性因素，得出收敛性增强的结论；提出了基于数据客观确定灰色聚类模型中白化权函数的差异等级评价方法；提出了两种消费者主观偏好信息的测度方法，并分别构建了低度介入情形时的后悔值购前评价方法和高度介入情形时的二元语义灰色关联分析方法，构建了离散贝叶斯网络模型，通过融合消费者给出的各种评价信息，对信息消费的效用进行静态和动态评价。

本书中所提出的研究模式和统计测度与评价方法，具有一定的通用性和推广性，能够用于其他领域类似问题的评价应用中。此外，基于本书所构建的理论体系和研究方法，研究人员可以开发相应的评价系统，克服计算过程的复杂性，通过软件平台实现对信息消费的有效评价。研究成果的效益主要体现在：为决策部门制定符合实际的政策，为相关标准体系、法律法规的完善提供参考建议；提高信息产品和服务的质量，增强信息消费品的供给能力；提高居民信息消费能力，引导居民合理消费。本书的研究工作得到了国家社会科学基金（14CTJ002）的资助，出版得到了中原工学院青年拔尖人才项目的资助，并且科学出版社给予了大力的支持，在此一并表示谢忱。

张　肃

2018 年 3 月 20 日

目 录

第1章 绪　　论

本书基于宏观统计数据，对信息消费的发展水平、影响因素和差异性三个问题进行分析；基于微观调查数据，研究消费者购前评价和购后效用的评价方法。本章首先对信息消费的研究现状进行述评，然后分析研究的方法和技术路线，并说明主要的研究内容。

1.1　信息消费快速增长

随着全球范围内信息技术创新不断加快，信息领域新产品、新服务、新业态的大量涌现不断激发新的消费需求，信息消费成为日益增长的消费热点，2013 年 8 月，《国务院关于促进信息消费扩大内需的若干意见》明确指出，"加快促进信息消费，能够有效拉动需求，催生新的经济增长点，促进消费升级、产业转型和民生改善"[1]。杨春立[2,3]通过计算信息消费率和信息消费贡献率，分析了信息消费对经济增长的影响，指出当前信息消费市场创新活跃，信息通信服务、电子信息产品等直接信息消费保持旺盛增长态势，电子商务增长强劲，带动其他产品消费效应明显，信息消费正成为拓展内需空间、拉动经济增长的重要力量。郑丽[4]利用 2005～2012 年的面板数据，验证了信息消费对经济增长的乘数效应、滞后效应和差异效应及对产业结构优化的作用。杜蒙蒙[5]利用 1994～2012 年的面板数据，验证了信息消费与经济增长之间存在长期的动态均衡和短期波动关系，结论表明信息消费能有力地推动经济发展。钟玲玲等[6]利用 2002～2015 年的时间序列数据，同样验证了信息消费对经济增长的促进作用。可以看出，不论是理论还是实证研究的结论均表明信息消费对经济增长具有拉动作用，可以有效扩大内需。

为了促进居民信息消费，准确掌握居民信息消费的总体水平，有必要构建科学的理论体系，对居民信息消费行为进行统计测度和综合评价。杨春立[7]分析了加强信息消费的统计对扩大信息消费规模、充分挖掘国内市场需求潜力的重要作用。高素梅[8]对建立信息消费统计监测体系进行了分析，包括制定统计分类标准、建立统计指标体系和计算方法、提出数据采集办法与渠道。《国务院关于促进信息消费扩大内需的若干意见》中也提出，"科学制定信息消费的统计分类和标准，开展信息消费统计和监测"。但目前对信息消费的研究还集中于理论探讨，各类统计年鉴中并未直接对信息消费进行统计，相关问题还缺乏明确结论，如信息消费的发展水平，信息消费的地区差异和城乡差异程度，信息消费与收入水平、基础设施、受教育程度等因素的关系，信息消费产品和服务的评价方法，信息消费效用的评价方法等问题还缺乏定量的研究方法与结论。因此，将统计测度与评价方法引入信息消费领域，展开相关学术研究，也是本书写作的依据。

1.2　　消费统计学的深入研究

消费统计学是从消费经济学和统计学中分化出来的一个重要分支，是统计学研究对居民生活问题认识进一步深化的表现，信息消费统计测度与评价则是消费统计学的一个子分支，是对消费统计学研究的进一步深化[9]。目前信息消费领域的相关研究已经引入了一些定量的统计测度与评价方法，但还不够完善，需要不断充实发展。本书首先在宏观统计数据的支撑下，基于描述性统计分析、探索性统计分析、协整分析、空间计量经济学、综合评价方法的最新进展，构建消费行为评价理论体系，对城乡居民信息消费行为进行统计测度与评价；其次基于微观调查数据和居民信息消费的购买决策过程，对消费者购前评价和购后效用评价方法进行探讨①。研究的作用体现为以下三点。

(1) 信息消费问题不仅是一个经济学问题，也是一个统计测度与评价问题，运用统计学方法进行数据收集和整理，研究信息消费内在的数量关系和微观行为的综合评价方法，有利于信息消费理论研究的科学化[10]。

(2) 将统计测度与评价方法引入信息消费领域，掌握客观的信息消费水平，有利于决策部门制定符合实际的政策，推动相关标准体系、法律法规的完善。

(3) 信息消费的统计测度与评价的研究结论可以为提高信息产品和服务的质量、增强信息消费品的供给能力，以及提高居民信息消费能力、引导居民合理消费提供指导。

1.3　　信息消费研究现状述评

关于信息消费理论与定量分析的研究成果可以归纳为以下几个方面。

1.3.1　信息消费基础理论与发展水平的测度研究

国内主要是基于情报学的视角展开研究，研究成果集中于基本概念、基本理论。郑英隆[11]分析了信息消费的概念、发展历史、特征及人口素质相关性等问题。

---

① 要弄清生活性消费问题及其变化规律，除了进行科学的定性研究外，还有大量的问题需要进行系统的定量分析，如城乡居民收入水平、消费水平、消费结构、消费需要及其变化趋势。在定量分析中还有很多统计方法需要研究，如城乡之间消费水平的对比方法等。

贺修铭[12]提出了信息消费的概念,构建了信息消费研究的理论体系。沙勇忠和高海洋[13]对信息需求、信息产业、信息市场、信息环境和信息文化等基本问题进行了分析。朱焱[14]分析了我国信息消费的现状,并且分析了收入、产业结构、消费者的信息意识对信息消费的影响。尹世杰[15]分析了信息消费的内涵,并提出了发展信息消费的对策建议。徐德云和徐海俊[16]分析了信息消费的特点,并对信息消费边际消费倾向的变化规律进行了分析,在理论上给出了边际消费倾向呈先递增后递减的变化规律。邓胜利[17]综述了信息消费理论、消费行为、实证分析、监督与质量评价等问题的研究现状,分析了研究中存在的问题。朱红[18]分析了信息消费的内涵,对信息产品、服务与信息消费者行为和权利及其保护等内容进行了阐述。黎婷和刘勇[19]对信息消费的概念进行了界定,认为信息消费是指信息消费主体为满足生产、生活中的信息需求,针对信息获取和占有、信息吸收和处理而采取的消费行为或活动。马哲明和靖继鹏[20]综述了信息消费的起源、概念、消费监督评价及权益保护、影响因素及环境等内容的研究现状,指出了理论研究不够深入的问题。沈小玲[21]系统研究了信息消费的概念、影响因素、发展水平评价等问题。任兴洲等[22]对新型信息消费内涵进行了分析,并提出随着信息通信技术的发展,应动态调整信息消费的内涵。王丹中和赵佩华[23]对信息消费的现状与发展对策进行了研究。韩秋明[24]研究了欠发达地区农村居民信息服务消费问题。

国外目前可以查到的文献中,对信息消费的内涵尚没有明确定义,但对统计口径和具体的信息消费行为则有较多的研究。邓胜利[25]综述了国外信息消费的研究现状,指出国外在信息消费的具体实践中有较多研究,而理论研究方面相对较少。Machlup[26]、Orna[27]、Varian[28]先后对信息消费的对象进行了界定,包括各种信息产品和服务。Scott[29]定义了信息消费的概念,并对测度方法进行了分析。Bure[30]研究了不同群体之间信息消费的差异。Hitt 和 Tambe[31]研究了宽带消费用户间的差异性问题。LaRose 等[32]对农村地区的宽带发展问题进行了研究。Mistry和 Samant[33]研究了农业信息消费对收入的提升作用。Meng 等[34]对中国农村居民网络信息消费问题进行了研究。

关于信息消费发展水平测度方面,国外可以查到的资料多集中于对信息化程度进行定量测度,主要方法有波拉特法、厄斯的经济—信息活动相关分析方法、社会信息化指数法、国际电信联盟法等,其中均包含与信息消费内容相关的评价指标[18]。国内学者的研究成果包括:朱红[18]对信息消费水平测度的相关方法进行了理论研究。杨京英等[35]对信息消费系数测算方法进行了研究。肖霞[36]基于因子分析和聚类分析的方法,分析了城镇居民信息消费力的发展状况。马秀霞[37]选择每万人技术市场成交额,技术市场交易额增长率,大中型企业购买技术平均成交额,每百万人驰名商标数,信息消费指数,信息消费年均增长指数,人均文化教育支出占个人消费支出比重,农村居民人均文化娱乐、交通和通信支出等指标,测评了少数民族地区的信息消费水平。汪卫霞[38]根据 1981~2007 年的统计资料计算了中国城乡居民的信息消费额。樊玮[39]构建了信息消费水平评价的指标体系，并采用模糊综合评价的方法研究了农村居民信息消费水平。李旭辉和程刚[40,41]构建了信息消费水平评价的指标体系，采用因子分析法评价农村居民信息消费水平。吴君格和何宗辉[42]对中外信息消费水平进行了对比，并给出了促进信息消费发展的建议。杨春立[3]从信息产品、信息传输服务、软件及信息服务三个方面，分析了信息消费的规模与结构。钟玲玲等[6]从信息消费主体、信息消费客体、信息消费需求、信息供给及信息消费力五个方面评价了居民信息消费水平。

通过以上的文献分析，可以发现目前的研究存在以下问题：对信息消费的统计口径尚不统一；信息消费水平多以单一指标作为替代，如信息消费支出；信息消费水平评价的实证研究仍较少，多主观给定权重，且多采用时间序列数据或截面数据，而采用面板数据进行研究的成果较少。

1.3.2　信息消费影响因素的实证研究

凯恩斯的消费函数理论问世以来受到很多经济学家的质疑①。目前很多文献通过构建消费函数，对城乡居民信息消费与收入的关系进行了实证研究[43,44]。张鹏[45]基于持久收入理论，对城乡居民信息消费的边际消费倾向进行了研究。张同利[46]研究了前期消费、前期收入、当期收入对城乡居民信息消费的影响。郑兵云[47]基于面板数据分析了城镇居民信息消费与收入的关系。郭妍和张立光[48]基于绝对收入、持久收入、生命周期理论构建了城乡居民的信息消费函数。陈燕武[49]基于绝对收入理论，采用时间序列数据构建了福建省城乡居民的信息消费函数。马哲明和靖继鹏[50]、马哲明和李永[51]分时间段研究了城乡居民信息消费与收入的关系。王林林等[52]基于绝对收入理论，研究了城镇居民信息消费存在的地区差异和时间差异。朱琛和蒋南平[53]运用时变参数模型对城镇居民的信息消费问题进行了实证研究。刘冬辉和陈立梅[54]采用广义脉冲响应函数和方差分解对江苏三大区域的农民收入和信息消费之间的动态关系进行了检验。

此外，还有学者对信息消费与其他因素的关系进行了研究。沈小玲[55]构建了引入时间约束的信息消费计量模型。田凤平等[56]基于半参数模型研究了城乡居民信息消费与收入、受教育水平、物价、经济发展状况四个因素的关系。刘单玉[57]实证研究了甘肃省农村居民信息消费与人均纯收入、初中及初中以上文化程度人数占其人口数量的比例、每百户拥有的移动电话数量、人均用电量的关系。张梦

---

① 杜森伯里认为消费受自己过去的消费习惯及周围人们消费水平的影响；莫迪利亚尼则认为人们会在更长的时间范围内计划消费支出，以达到在整个生命周期内消费的最佳配置；弗里德曼则认为消费是由永久收入决定的，而不是由当期的可支配收入决定的。

欣[58]实证研究了甘肃省农村居民信息消费水平与农村居民的收入、受教育人数和家庭耐用品消费数量之间的关系。岳琴等[59]从居民可支配收入、信息设备拥有量、居民文化教育水平等方面研究了"一带一路"枢纽省区市信息消费水平的影响因素。

作为杜森伯里消费理论的拓展,目前习惯形成理论在消费函数的构建中得到了广泛应用①。Naik 和 Moore[60]基于生命周期理论,通过效用最大化模型构建了消费习惯的理论模型。Dynan[61]基于消费者跨期最优化的欧拉方程,研究了消费习惯对当期消费的影响。Guarigliad 和 Rossi[62]研究了消费习惯、持久收入、劳动收入风险对当期消费的影响。Angelini[63]研究了消费习惯、预防性储蓄、财富、收入对当期消费的影响。Alessie 和 Teppa[64]研究了习惯形成和收入不确定性对当期消费的影响。崔海燕和范纪珍[65]、崔海燕[66]运用动态面板模型,基于习惯形成理论对中国城乡居民的信息消费行为进行了研究。在研究中国居民消费支出影响因素方面,考虑内、外部习惯形成因素的代表性文献主要有:艾春荣和汪伟[67]考虑内部习惯形成因素,实证研究了居民消费的过度敏感性。杭斌[68]、杭斌和郭香俊[69]分别研究了习惯形成下的农户缓冲储备行为和中国城镇居民的习惯形成效应。闫新华和杭斌[70]将内、外部习惯形成与消费结构相结合,对中国农村居民消费行为进行了实证分析。贾男等[71]对农村家庭的食品消费进行了研究,发现其具有显著的内部习惯形成效应,但总消费不存在消费习惯。崔海燕和范纪珍[72]对农村居民的内、外部习惯形成效应进行了研究,结果表明农村居民的消费具有内部习惯形成特征,城镇居民的消费行为对其具有示范效应。黄娅娜和宗庆庆[73]检验了中国城镇居民的食品消费存在显著的习惯形成效应,但是家居用品、娱乐设施、交通设施、通信设备等消费品均表现出耐久效应。

在消费计量研究中,引入空间效应是空间计量经济模型的最大特点,即考虑当期消费的空间溢出效应②。研究(信息)消费问题中考虑了空间效应的代表性文献有:陈燕武和邓兴磊[74]运用非动态空间面板模型,发现城乡居民信息消费具有内部习惯形成效应和当期消费支出的正向空间溢出效应。马骊和孙敬水[75]采用空间计量经济方法分析我国消费与收入的关系。孙爱军[76]得出我国 31 个省区市的农民消费具有明显的空间相关性的结论。林文芳[77]利用空间关联分析,通过探索城乡居民八大类消费的空间分布特征,揭示了城乡居民消费的区域性偏好。孙爱军[78]检验了城镇居民人均消费支出、人均可支配收入和消费价格指数的空间相关性。苏方林等[79]运用空间面板杜宾模型研究了城镇居民人均消费的因素和城镇

---

① 一般将习惯形成分为内部习惯形成和外部习惯形成,前者主要强调消费者自身过去的消费水平对现期效用的影响,而后者主要研究具有示范作用群体的消费行为对消费者本人消费决策的影响。

② 空间计量模型可以分为静态和动态模型两类:前者仅考虑外生解释变量对被解释变量的作用,即当期消费的空间滞后项表示的外部影响;而后者还要考虑滞后的被解释变量的作用,即前期消费的空间滞后项表示的外部影响。

居民人均消费的空间效应。杨瑞琼和杭斌[80]将空间效应引入居民预防性储蓄模型中，建立了我国居民预防性储蓄的空间计量模型。焦志伦[81]运用静态空间面板杜宾模型研究了中国城市消费问题，发现城市空间消费市场结构更多地表现为区隔效应而非集聚效应。

通过以上分析，可以发现研究中存在几点不足：在信息消费影响因素的研究中，考虑空间效应的文献较少；多数研究仅考虑内、外部习惯形成因素，或是当期消费的空间效应这一种因素，很少有文献同时考虑此三种影响因素，且对外部习惯形成因素考虑较少或以平均值进行替代；尚没有明确在信息消费领域居民是否具有消费习惯；在动态空间面板杜宾模型的应用方面，目前能检索到采用直接效应和间接效应分解的文献并不多，并且这些文献在运用动态空间面板杜宾模型时未考虑模型的平稳性问题。

1.3.3 信息消费差异的测度与评价研究

信息消费的差异可以从城乡差异和地区差异两个视角展开研究。目前关于城乡差异的研究结论主要集中于数据的统计分析，但对差异的大小和差异等级缺乏描述。郑英隆和王勇[82]、郑英隆[83]从消费成长角度研究了城乡居民信息消费的成长差异，指出已有研究成果存在相似性较高、不够深入的问题。陈燕武和翁东东[84]对福建城乡居民的差异进行了对比，给出促进信息消费发展的对策建议。王平和陈启杰[85]对城乡居民信息消费的差异进行了预测。肖婷婷[86]研究了 2000～2007 年中国城乡居民信息消费的变动特点，得出城乡居民信息消费增长迅速、农村居民边际信息消费倾向高于城镇居民边际信息消费倾向的结论。朱琛和孙虹乔[87]基于 1992～2008 年的数据，对城乡居民信息消费水平进行了比较，得出中国城乡居民在信息消费水平、信息消费系数、平均信息消费倾向方面存在着较大的差异。陈晓华[88]对广西城乡居民信息消费差异的影响因素进行了分析。陈立梅和郑凯旋[89]对江苏城乡居民信息消费的差异进行了比较研究。唐天伟和欧阳瑾[90]研究了信息消费的城乡差异与收入差异的关系。

关于地区差异的测度研究则主要采用泰尔指数等方法，并对其收敛性进行分析。叶元龄和赖茂生[91]从信息消费支出、信息消费倾向和信息消费系数三个方面对农村居民的地区差异进行分析。陈立梅等[92]基于恩格尔系数的划分视角，对农村居民信息消费的差异进行了分析。张红历和梁银鹤[93]基于泰尔指数方法对城镇居民信息消费的差异进行分析，并引入空间效应检验了其收敛性。陈立梅和刘冬辉[94]基于泰尔指数方法对江苏农村地区信息消费差异进行了测度。刘伟[95]研究了农村居民信息消费的空间集聚特征，并检验了其收敛性。张肃[96]基于空间面板杜宾模型，验证了城镇居民信息消费支出的收敛性。张肃[97]通过主成分分析和聚类分析的方法研究了城镇居民信息消费水平的地区差异，并检验了其收敛性。

张肃[98]运用面板协整理论从三个层面对城乡居民信息消费支出的差异展开讨论：通过纵向比较，研究差异动态演变过程；通过横向比较，研究地区发展不平衡对差异的影响；通过短期效应比较，研究长短期有无差异。

通过以上分析，可以发现目前的研究存在以下问题：对差异的评价多采用单一指标进行研究；尚没有明确城乡居民信息消费差异的大小和等级；多采用泰尔指数分解的方法，而没有考虑子样本的分布状况；研究方法上缺乏对差异分解大小的进一步挖掘与分析。

1.3.4　信息消费产品和服务的购前评价研究

目前对消费者的产品和服务购前评价的研究，多停留在理论研究层面。Brocas和 Carrillo[99]对消费者偏好的动态不一致性进行了分析。Fishman 和 Simhon[100]研究了质量与价格对购买决策的影响。Nunes[101]研究了消费者的偏好对购买行为的影响。刘佳刚和刘乐山[102]分析了谨慎型消费行为、枯竭型消费行为和畸形结构型消费行为三种非理性消费行为。朱红[103]研究了信息消费者对商品偏好的测度方法。雷霞[104]详细分析了四种不同介入程度的消费者在购前评价阶段的差异。陈国平[105]从风险决策分析的视角，分析了服务消费购买决策的概念模型。孙瑾[106]采用结构匹配模型，分析了消费者服务购买决策过程的影响机制。

而在产品和服务评价模型方面的研究成果主要采用了多属性综合评价的方法。陈晓春[9]从微观消费决策的视角研究了基于决策树法的消费决策模型。Kabecha[107]研究了价格、生产者、经营者对消费者购买行为的影响，构建了质量函数模型。Fitzgerald[108]通过构建风险偏好分析模型来选择购买方案。Ismail 等[109]通过构建得分系统，对消费者的偏好进行测度。韩永青[110]采用计划行为理论，构建了信息产品选择模型。张莹和杜克田[111]从消费者在购买决策过程中对商品信息评价的视角，对消费者购前信息处理方式进行了总结，包括线形相加方式、等权重方式、充分方式、逐步排除方式、词典方式、优势占多方式和优缺点数量方式。熊励等[112]采用模糊综合评价的方法研究了证券业信息服务的水平。陆卫等[113]采用层次分析法评价了轨道交通信息服务的水平。马武彬等[114]基于语言信息多属性决策方法评价了 Web①服务的质量。冯秀珍等[115]基于证据理论评价了信息服务的成熟度。

通过以上分析可以看出，理论层面虽然对低度和高度介入情形时的购前行为特点进行了分析，但目前所研究的产品和服务的评价模型多隐含了消费者具有高度介入性的前提条件，消费者会采用多属性综合评价的观点对所有产品和服务进行综合比较。而对低度介入情形尚未有评价方法方面的研究成果。

---

① Web(world wide web)即全球广域网，也称为万维网。

1.3.5　信息消费效用评价研究

信息消费效用可定义为消费某种信息产品或服务而得到的满足程度，为了提升居民的信息消费水平，有必要对居民的信息消费效用进行评价①。Vandenberg[116]从信息消费产生的收益和损失两方面，对其消费后的风险进行了评价。陈建龙[117]认为信息消费效用是用户使用信息所取得的效果，它是信息消费的效益尺度、问题解决的结果表征和信息用户的价值目标的总称。Oh 和 Chang[118]对信息消费后的价值和使用价值进行了分析。金燕[119]提出通过信息消费获得的满足程度、信息消费行为产生的经济效益和社会效益来评价信息消费效用。李霞和戴昌钧[120]将信息效用划分为商业效用、决策效用、心理效用、知识效用四个方面，然后基于模糊综合评价的方法对其进行研究。

可以看出，以上文献均从信息消费的效益尺度对其效用进行了描述，但研究成果多集中于理论探讨，缺乏定量的研究成果②。

综上所述，目前学术界对信息消费的研究多集中于基础理论，研究视角上缺乏系统性，多从单一视角展开统计分析，如支出研究、边际消费倾向等，对信息消费的行为缺乏深层次的定量研究，方法上缺乏对统计测度与评价等方法的运用。这些研究成果在信息消费理论研究领域有一定的代表性，可以为本书的研究提供理论支撑，但在研究方法上，对数学、信息科学等相关学科的运用还不够，统计测度与评价的理论体系、研究方法都有待进一步研究。

1.4　研究方法和主要内容

1.4.1　研究方法

本书遵循"理论分析—数据获取—定量研究—结论分析"的研究思路，采用系统分析方法、消费经济学、信息经济学、统计学、空间计量经济学、综合评价理论等相关方法展开研究，详细的技术路线如图 1-1 所示。图 1-1 分为三个部分：左侧为研究内容之间的逻辑关系；中间为各部分研究的主要内容；右侧为所采用的研究方法。

1.4.2　主要内容

本书的主要研究内容可概括如下。

第 1 章，对信息消费理论和实证研究的现状进行述评，阐明本书研究的主

---

① 效用是指消费者消费某种产品或服务所得到的满足程度，信息消费效用的定义由此拓展得出。
② 目前对信息消费的效用研究比较缺乏，如何构建效用评价模型需要进一步研究。

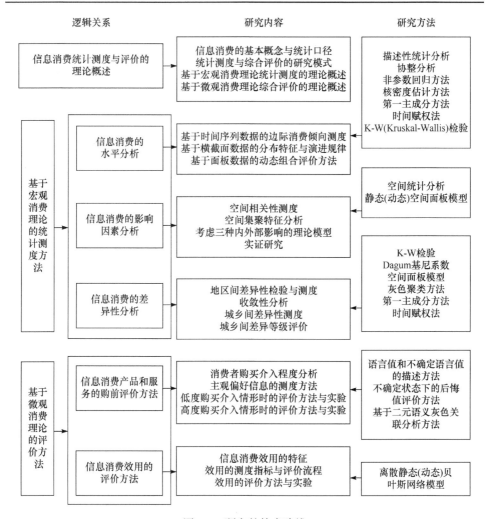

图 1-1　研究的技术路线

要方法和技术路线。

　　第 2 章，首先给出信息消费的基本概念与统计口径，在此基础上分析统计测度与评价的研究模式和相互关系，并分别对基于宏观消费理论的信息消费统计测度和基于微观消费理论的信息消费评价方法的研究内容进行阐述。

　　第 3 章，首先基于信息消费的时间序列数据对城乡居民信息消费的边际消费倾向进行测度，其次基于各省区市的横截面数据对其分布特征和演进规律进行分析，最后基于面板数据对居民信息消费水平进行动态组合评价，得出各省区市之间信息消费水平的评价结论。

　　第 4 章，对信息消费的空间相关性进行检验，分析城乡居民信息消费的集聚特征，研究信息消费影响因素分析的理论模型，最后基于空间面板模型对城乡居民信息消费的影响因素进行实证研究。

第 5 章，运用 K-W 检验、Dagum 基尼系数对信息消费支出的地区差异程度进行测度，检验居民信息消费支出的收敛性。进一步，测度城乡居民信息消费水平差异程度的基尼系数，基于灰色聚类方法和主成分分析方法等对差异等级进行评价。

第 6 章，首先分析介入程度不同时，信息消费产品和服务购买决策过程的差异；其次分别研究低度介入和高度介入两种不同情形的购前评价方法；最后通过四类实际的手机套餐业务购前评价实验和家庭电脑购前评价实验，验证所提方法的有效性。

第 7 章，首先构建信息消费效用评价的指标和基于离散静态(动态)贝叶斯网络的评价模型。其次通过融合消费者的效用预期信息和各子节点证据信息，对某一时间截面或时间段的信息消费效用进行有效评价。最后通过进行宽带使用的评价实验，对居民购后效用进行评价。

1.5　研究说明

本书从统计测度与评价的视角对信息消费问题进行研究，为保证内容的独立性，并限于篇幅，有三点说明。

第一，对信息消费的基础理论、相关统计测度与评价方法未做过多介绍，书中只做必要的说明。关于理论或研究方法本身，可参阅相应的文献资料。

第二，书中采用的统计测度与评价方法主要基于 Matlab R2009a 软件完成，部分采用 EViews6、Stata13、GeNIe2、Excel2010 等软件完成[1]。

第三，因为研究持续近三年的时间，所以部分研究的时间范围存在差异。另外，由于统计年鉴中数据统计口径发生变化的原因，实证研究中所用的数据期限截止到 2013 年[2]。实际上本书所研究的时间段正是信息消费快速发展的时期，因此分析这一时期的信息消费水平、影响因素及差异性，对促进信息消费持续增长具有重要意义[3]。若有最新的信息消费统计数据，可依据书中给出的方法，对统计测度与评价的研究结论进行更新。

---

① 对用到的各种软件，将分别在之后的章节中进行注释。

② 从 2013 年起，国家统计局开展了城乡一体化住户收支与生活状况调查。与 2013 年前的分城镇和农村住户调查的调查范围、调查方法、指标口径有所不同。

③ 所用宏观信息消费数据来源于历年的《中国统计年鉴》《中国信息年鉴》《中国人口和就业统计年鉴》(2006 年以前为《中国人口统计年鉴》)和各省区市的统计年鉴。

第 2 章 信息消费统计测度与评价的理论概述

消费、投资和出口是促进经济增长的"三驾马车",然而我国经济增长主要依靠投资和出口来拉动,居民消费需求不足且消费倾向呈下降趋势,所以有必要培育新的消费热点,拓展消费空间,统筹城乡发展。信息消费发展潜力巨大,不仅可以促进消费升级、释放市场潜力,而且能够带动有效投资,所以有必要对信息消费问题进行专题研究。本章界定了信息消费的基本概念与统计口径,在此基础上分析了统计测度与评价的研究模式和相互关系,并概述了基于宏观消费理论的信息消费统计测度和基于微观消费理论的信息消费评价方法问题。本章内容为本书后续章节的研究提供理论支撑。

2.1 信息消费相关概念与研究模式的界定

2.1.1 信息消费的基本概念与统计口径

1. 基本概念

随着社会信息化进程的加快,信息产业得到迅速发展,信息消费占消费总额的比重不断上升,信息消费逐渐成为消费的重要领域。综合当前对信息消费的内涵、外延研究,总结如下。

信息消费的内涵是消费者在信息需求的引导下,直接或间接以信息产品和服务为消费对象的活动。信息消费的过程包括信息需求、信息获取占有、信息吸收处理和信息创造四个基本阶段。信息消费包括三个结构性要素即信息消费者、信息消费品和信息消费环境。信息消费者是进行信息消费活动的主体;信息消费品是信息消费者消费的终极产品,包括信息产品和服务;信息消费环境则是信息消费者进行信息消费活动的宏观社会环境和微观场所[21]。

信息消费的外延应包括所有用于信息类产品和服务的支出。有一种观点认为信息消费是对基于互联网的新型信息产品和新型信息服务的消费,新型信息产品包括功能手机、智能手机、平板电脑、微型计算机、智能电视、IPTV①终端等网络化终端产品;新型信息服务主要包括语音服务、互联网接入服务、信息内容服

---

① IPTV 即交互式网络电视。

务及软件应用服务[22]。

信息消费概念的动态调整：随着信息技术的提高，当新的信息产品和服务出现时，其外延应不断扩展，同时内涵会不断得到修正[22]。

2. 统计口径

狭义的信息消费以净信息产品和服务为消费对象，广义的信息消费还包括信息含量比较高的产品和服务消费，鉴于目前信息消费统计数据获取的难度，参照大多数学者的做法，将居民消费性支出中的交通通信、娱乐文化教育、医疗保健三项支出之和作为居民信息消费支出的替代[15]。

2.1.2　统计测度与评价的研究模式

1. 两个视角：宏观与微观

基于宏观消费理论，采用总量分析方法，考察整个社会的消费活动，考察与消费有关的各个国民经济总量指标及其变化规律。宏观视角主要基于各类统计年鉴中公开的宏观数据进行研究，这些数据具体可以分为时间序列数据、横截面数据和面板数据[9,10,121]。

基于微观消费理论，采取个量分析方法，考察单个消费者、单个家庭的购买决策过程，该过程包括需求识别→信息搜集→购前评价→实际购买→购后评价五个步骤。微观视角通过调查获得的个人或家庭相关数据对购买决策过程进行评价，可以更好地探寻宏观现象背后的微观机制[122]。

宏观消费和微观消费是相互联系、相互影响的，微观个体的局部交互行为形成宏观规律，而宏观经济规律又对微观个体的行为产生深刻影响①。所以必须采取宏观分析与微观分析相结合的原则，从宏观和微观两个视角对居民的信息消费行为进行定量统计测度与评价。

2. 两个维度：城镇与农村

在信息消费领域，城乡居民在总体水平、消费环境、消费观念等方面存在较大差距②，所以有必要对城镇居民和农村居民信息消费的水平、影响因素、差异性进行统计测度[123]。

---

① 消费统计学主要研究一定时期、一定地区的消费水平、消费结构等，但并不是一概不研究个别事实。要研究全体居民的消费水平，必须先研究个别家庭或个人消费水平。微观消费与宏观消费之间存在着某种必然的联系，微观的个体行为交互作用最终会"涌现"出宏观的结果。

② 随着经济的快速发展，城乡居民在收入、消费和公共服务等方面的差距不断拉大，城乡居民生活质量相差悬殊，二元结构特征明显。

3. 两种方法：统计测度与评价

统计测度是对相关数据进行分析，提取有用信息并形成结论，主要采用描述性统计分析和探索性统计分析等方法。评价则依据评价对象一段时间内的相关信息，用多个指标对多个被评价对象进行全面研究。

统计测度与评价存在相辅相成的辩证关系。统计测度为评价提供数据支撑，在评价前必须对原始数据进行统计测度；评价是对统计数据的进一步挖掘，可以更好地解释隐藏于数据背后的真实关系。为了行文的方便，根据统计测度方法和评价方法在研究内容中的比例，将研究内容分为基于宏观消费理论的信息消费统计测度和基于微观消费理论的信息消费评价两个部分。

2.2　基于宏观消费理论信息消费统计测度的理论概述

本节主要应用统计学、计量经济学和综合评价方法，基于宏观统计数据对居民的信息消费行为进行定量研究。研究内容包括：信息消费的水平分析、信息消费的影响因素分析、信息消费的差异性分析三个层次。

2.2.1　信息消费水平分析的理论概述

从评价的指标来看，因为信息消费水平是一个综合概念，所以不能仅对信息消费支出一项指标进行分析，而应对反映居民信息消费水平的各项指标进行研究。反映城乡居民信息消费水平的指标主要有三个：信息消费支出、信息消费系数、信息消费倾向。信息消费支出反映了居民信息消费的绝对水平。信息消费系数是信息消费统计的重要指标，它反映了居民信息消费支出占其总消费支出的比重，表示居民信息消费的相对水平，信息消费系数值越大，说明居民信息消费支出占其总消费支出的比重越高，即居民信息消费水平和质量也相应达到了更高层级。信息消费倾向衡量的是居民收入中用于信息消费支出的份额，信息消费倾向的高低直接反映了居民信息消费需求的意愿及程度[86,87]。这三个指标互为补充，从不同的侧面反映了居民的信息消费水平，所以有必要从这三个方面对城乡居民信息消费的水平进行分析。

除了横向考虑评价指标差异外，还必须纵向考虑各省区市各指标的时间变化规律，即考虑面板数据的动态评价问题。面板数据同时具有时间和横截面两个维度，样本容量更大，可以提供研究对象更多的动态行为信息，这有利于全面衡量各省区市在一段时间内的信息消费水平的高低，从而了解信息消费发展状况，比较发展水平的差异程度，为区域经济管理决策提供参考建议。

由于提升居民的边际消费倾向，对于扩大居民的消费需求有着重要的作用，我们需要专门测度信息消费的边际消费倾向。传统产品的边际消费倾向呈递减趋势，即人们的消费虽然随收入的增加而增加，但在所增加的收入中用于增加消费的部分越来越少。那么信息消费的边际消费倾向是否也是递减的呢？对此问题的研究成果相对较少。有的研究结论认为信息消费的边际消费倾向呈递增趋势，而有的结论认为信息消费的边际消费倾向呈递减趋势，因此需要对信息消费的边际消费倾向变化规律进行实证分析[16,23]。

通过以上分析，对信息消费水平进行分析时应研究以下问题。

(1) 信息消费的水平与信息消费支出的变化规律相同吗？

(2) 边际消费倾向及其分布规律是什么？

(3) 如何测度城乡居民的信息消费水平？

(4) 我国各省区市的城乡居民的信息消费水平特点有何不同，东、中、西部地区一样吗？

2.2.2　信息消费影响因素分析的理论概述

消费理论一直是经济学研究的核心课题之一，消费函数可以反映消费支出与其影响因素之间的关系。考虑到数据的可获得性，选择的影响因素主要包括如下[21,55-59]。

(1) 物价水平。目前统计年鉴中没有信息消费价格指数，选用城乡居民消费价格指数作为替代，以反映整体物价水平对居民信息消费支出的影响。

(2) 受教育水平。用城乡居民平均受教育年限来替代，可反映城乡居民受教育水平对居民信息消费支出的影响，具体测算方法为：将未上过学、小学、初中、高中、大专及以上以 1 年、6 年、9 年、12 年、16 年为权重，计算每一种受教育水平人数所占比重，再计算加权和便得到人均受教育水平。

(3) 信息基础设施。选用长途光缆长度作为替代，用来反映信息基础设施对城镇居民信息消费支出的影响。由于在各种上网设备中，农村网民使用手机上网的比例最高①，选用农村居民家庭平均每百户移动电话拥有量为替代，以反映信息基础设施对农村居民信息消费支出的影响。

(4) 网民人数。因缺乏单独的城镇居民网民数据，这里选用网民总人数来替代，表示居民中使用新技术消费信息的广度，以反映其对居民信息消费支出的影响。

(5) 居民收入水平。分别用城镇居民人均可支配收入和农村居民人均纯收入表示，用来反映居民消费能力对信息消费支出的影响。

---

① 中国互联网络信息中心. 2015 年农村互联网发展状况研究报告[EB/OL]. http://www.cnnic.net.cn/hlwfzyj/hlwxzbg/ncbg/201608/P020160829560515324796.pdf[2016-08-29].

(6) 城镇居民信息消费习惯。用滞后一期的城镇居民信息消费支出作为替代，可反映城镇居民信息消费习惯对农村居民产生的影响。

在实证分析之前，首先需要明确以下三个问题。

(1) 忽略空间维度存在的跨区相关效应会得到有偏的结论[97,98]。那么省域之间居民信息消费是否存在空间溢出效应，需要进行检验。

(2) 目前在消费领域研究常用的习惯形成理论是否适用于居民信息消费，需要进行检验，由于信息消费产品的耐用性特征和信息服务内容的非消耗性及共享性，需要对居民信息消费是否存在内、外部习惯形成效应进行实证分析。

(3) 面板计量模型的选择可以考虑动态非空间面板模型、空间非动态面板模型、空间动态面板模型三种。

通过以上分析，分析信息消费的影响因素时应研究以下问题。

(1) 城乡居民信息消费是否存在空间相关性，即相邻地区之间的信息消费行为是否相关？

(2) 由于信息消费的独特性，城乡居民在信息消费支出方面是否会存在习惯形成效应？

(3) 哪些因素对居民信息消费支出产生了影响？

2.2.3　信息消费差异性分析的理论概述

由于我国各地区和城乡之间的发展不平衡，应从地区差异和城乡差异两个维度对信息消费的差异性进行研究。

一般的理论研究会基于数据描述性统计分析的结论，给出地区之间存在差异的解释，但从统计测度的视角看，首先需要对地区之间的信息消费是否存在显著性差异进行检验，明确哪些地区之间存在差异，并用定量的方法测度差异的程度和来源。其次从 σ 收敛、绝对 β 收敛、条件 β 收敛三个层次分析差异的收敛性[①]。最后，在引入空间效应后，重点分析其对信息消费支出的收敛性有何影响[124-126]。

城乡之间的差异需要从信息消费支出、信息消费系数、信息消费倾向三个方面进行测度，并且对测度结果进行综合评价，最终给出差异等级的定量研究结论。

通过以上分析，分析信息消费的差异性时应研究以下问题。

(1) 地区之间的信息消费存在显著性差异吗？

(2) 地区之间的信息消费差异如何测度？

(3) 地区之间的信息消费差异存在收敛性吗？

---

① σ 收敛是指各地区间的差异随着时间的推移而趋于减少，一般用样本标准差来衡量；绝对 β 收敛是指所有地区最终将收敛于同一个稳态；条件 β 收敛放弃了各个地区具有完全相同的经济特征的假定，考虑了各个地区不同的特征和条件，也就是地区差异，认为不同的地区具有不同的稳态。

(4) 城乡之间信息消费差异如何测度与评价？

2.3　基于微观消费理论信息消费评价的理论概述

本节依据消费者购买决策过程，基于微观个体数据研究居民购买产品和服务前的选择评价及购后实际效用的评价方法。研究内容包括信息消费产品和服务的购前评价及信息消费购后效用评价方法。

2.3.1　信息消费产品和服务购前评价的理论概述

在购前评价阶段，消费者对收集到的各种信息进行整理，认真分析影响产品或服务的相关属性，然后进行详细的综合评价。实际上这种情形主要适用于购买单位价值高、熟悉程度低的产品或服务，由于具有较高的决策风险，其购买行为会比较谨慎，消费者会综合考虑各种影响因素，而且可能事先给出对产品或服务的偏好信息。当购买决策不是单一成员做出时，还可能考虑其他成员的意见，表现为群体评价[127]。

以上分析的购前评价过程，实际上隐含了一个前提条件：消费者具有完全理性，表现为高度介入性。但是由于风险和不确定性，以及消费者不能完全掌握备选方案的完全信息与受其认知成本等因素的限制，消费者不可能具有完全理性，不可能寻求最佳效用的目标，即做出最优决策，而通常会做出一种令其满意的决策，这种决策就是有限理性[128]。实际上对不同的产品或服务，消费者的购前评价过程并不一样，有的简单，有的复杂。购买价格较低且较为熟悉的产品或服务及购买时间紧迫的特殊情况下，消费者的购前评价过程比较简单，消费者会进行有限的信息收集，并不给出对产品或服务各种属性的判断，而是通过对产品或服务的偏好信息直接进行选择和购买。

购买介入程度一般指消费者由某一特定需要而产生的对决策过程的关心或感兴趣程度，受个人、产品、情境特征的影响[129]。购买决策可以分为高度介入购买决策和低度介入购买决策两种类型，低度介入购买决策的某些步骤可以简化[130]。

第一种，低度介入情形。包括：需求识别→有限的信息搜集→简单评价(评价属性少或仅考虑不确定状态、简单的决策规则、备选方案少)→实际购买→购后评价。

第二种，高度介入情形。包括：需求识别→广泛的信息搜集→复杂评价(评价属性多、复杂的决策规则、备选方案多)→实际购买→购后评价。

从综合评价的观点来看，这两种购买决策过程的差异主要体现在购前评价阶段，因此应采用不同的评价方法对两种消费者购买介入情形进行研究。

通过以上分析，信息消费产品和服务的购前评价应研究以下问题。

(1) 消费者购买介入程度不同时，是否应采用同样的评价方法？

(2) 如何测度消费者的偏好信息？

(3) 如何构建介入程度不同的评价模型？

2.3.2　信息消费效用评价的理论概述

信息消费的效用评价属于购后评价阶段，需要通过分析信息消费效用的特征，融合消费者的各种评价信息，形成消费者的购后效用评价方法。那么信息消费效用具有哪些特点呢？

1. 信息消费效用主观性

信息消费效用是消费者消费某种信息产品和服务后的主观感受。不同的消费主体，由于其不同的使用方式和能力，效用的满足程度因个体差异会呈现很大的不同，具有一定的主观性，评价模型应能融合消费者的主观效用预期与消费后的评价信息。

2. 信息消费效用与边际效用的关系

关于信息消费边际效用的讨论是一个热点问题，很多学者从信息消费的偏好角度对边际效用递减的规律提出了质疑[131-133]。但是如果信息消费者偏好发生改变，会违反边际效用对其假定不变的前提，因此我们可以认为信息消费仍然符合边际效用递减的规律[134]。当边际效用为正数时，信息消费效用增加；当边际效用为 0 时，效用最大；当边际效用为负数时，效用递减[135]。但是在评价时所选取的某一个局部时间段内，信息消费效用可能呈现出递增、递减或是先递增后递减三种趋势。因此评价方法应能对某一时间截面或时间段的信息消费效用进行评价。

通过以上分析，对信息消费效用的评价应研究以下问题。

(1) 如何测度信息消费效用？

(2) 如何融合消费者的效用预期与评价信息？

(3) 如何对某一时间截面或时间段的信息消费效用进行评价？

2.4　小　　结

本章首先分析了信息消费的概念与统计口径，明确了信息消费的内涵与外延，同时给出了研究数据的统计口径。

其次分析了统计测度与评价的研究模式，包括宏观与微观的研究视角、城镇与农村的分析维度、统计测度与评价相辅相成的辩证关系，从而为开展统计测度与评价方法的研究理清了思路。

　　最后研究了基于宏观消费理论的信息消费统计测度方法和基于微观消费理论的信息消费评价方法两个部分的理论基础，明确了尚需研究的问题，后续章节将以本章内容为理论支撑展开研究。

第3章 信息消费的水平分析

研究信息消费的水平，需要明确如何测度城乡居民信息消费的特点与分布规律，评价各省区市之间信息消费水平。本章首先基于时间序列数据测度城乡居民的边际消费倾向，其次基于横截面数据分析城乡居民信息消费的分布特征和演进规律，最后基于面板数据对信息消费水平进行评价，并对区域之间的信息消费水平进行比较。

3.1 基于时间序列数据的边际消费倾向测度

3.1.1 研究思路

目前边际消费倾向的研究成果集中于总消费支出方面：杭斌和申春兰[136]提出了一种变协整的观点，并采用状态空间模型得出 1990 年之后城镇居民的长期边际消费倾向持续下降的结论，但是存在的问题是状态空间模型中的边际消费倾向包含有随机波动的因素。沈晓栋和赵卫亚[137]、郭亚军和郑少锋[138]采用非参数回归方法对城乡居民消费与收入的动态关系进行了研究。刘长庚和吕志华[139]运用梯次回归的方法得出 1993 年之后我国居民的边际消费倾向不断下降的结论，但是未对消费与收入变量进行协整检验。谢子远等[140]基于状态空间模型对农村居民边际消费倾向进行了变参数估计，得出了农村居民边际消费倾向处于动态演变过程的结论。区晶莹等[141]基于误差修正模型研究了广东城镇居民信息消费的边际倾向，结果表明其呈下降趋势。

在以上研究的基础上，本章分析城乡居民的信息消费支出与收入的变化趋势并对二者进行协整检验。二者若具有协整的关系，说明边际消费倾向在一定时期内是固定不变的，否则信息消费与收入不具有线性的均衡关系，应采用非线性的回归方法分析信息消费与收入的关系[142,143]。具体研究思路如图 3-1 所示。

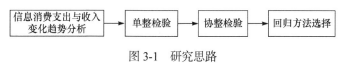

图 3-1 研究思路

3.1.2 城乡居民人均信息消费支出与收入的协整分析

1. 单整检验

城乡居民人均信息消费支出与收入随时间的变化趋势如图 3-2 所示①。随着时间的推进，城乡居民人均信息消费支出与收入的距离越来越远，它们之间的离差均呈扩大趋势，说明城乡居民人均信息消费支出与收入之间不存在协整关系。运用协整理论分析之前，必须进行 ADF(augmented Dickey-Fuller，增广的迪基–福勒)检验，以确定时间序列的平稳性。

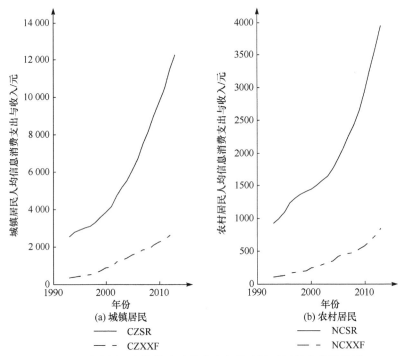

图 3-2　城乡居民人均信息消费支出与收入随时间的变化趋势图

CZXXF 表示城镇居民人均信息消费支出；CZSR 表示城镇居民人均可支配收入；NCXXF 表示农村居民人均信息消费支出；NCSR 表示农村居民人均纯收入

采用含有趋势项的 DF(Dickey-Fuller，迪基–福勒)检验对城镇居民人均信息消费支出 CZXXF 进行单位根检验，结果如式(3-1)所示。

$$\Delta CZXXF_t = 40.6619 + 41.7191t - 0.2766 CZXXF_{t-1}$$
$$R^2 = 0.4192, DW = 2.6637$$

(3-1)

① 由于数据统计口径发生变化的原因，本节选取 1993~2013 年城乡居民的时间序列数据进行分析。同时为了剔除物价因素的影响，利用以 1993 年为基期的城乡居民消费价格指数对相关数据进行了平减。本节单整检验和协整检验的过程，由 EViews6 软件完成；非参数回归模型部分，采用 Matlab R2009a 自编程序完成。

DW = 2.6637，说明误差项不存在自相关，采用 DF 检验可以得出，DF = −2.0088，大于 1%临界值−4.4983，说明 CZXXF 是一个单位根序列，应进一步对 CZXXF 的差分序列作单位根检验，如式(3-2)所示。

$$\Delta^2 CZXXF_t = 139.4533 - 1.0844\Delta CZXXF_{t-1}$$
$$R^2 = 0.5423, DW = 1.9621 \tag{3-2}$$

式(3-2)的 DF 值为−4.4878，小于 1%临界值−3.8315，说明 $\Delta CZXXF_t$ 序列是不含单位根的平稳序列，进一步说明 $CZXXF_t$ 列是一个 $I(1)$ 序列。

限于篇幅，其余三个变量的检验过程不再详述，具体检验结果如表 3-1 所示。CZXXF 和 CZSR 为 $I(1)$ 序列，而 NCXXF 和 NCSR 为 $I(2)$ 序列，满足单整阶相同的条件。

表 3-1　变量的单位根检验结果

变量名称	差分次数	(C, T, K)	ADF 值	1%临界值	结论
CZXXF	1	$(c, 0, 0)$	−4.4878	−3.8315	$I(1)$
CZSR	1	$(c, t, 0)$	−4.9649	−4.5326	$I(1)$
NCXXF	2	$(0, 0, 0)$	−5.6654	−2.6998	$I(2)$
NCSR	2	$(0, 0, 0)$	−3.1399	−2.6998	$I(2)$

注：(C, T, K)分别表示 DF 检验式是否包含常数项、时间趋势项及滞后期数

2. 协整检验

对城镇居民人均信息消费支出与收入的关系进行协整回归，结果如式(3-3)所示。

$$CZXXF_t = -180.9110 + 0.2531CZSR_t + \hat{\mu}_t$$
$$R^2 = 0.9739, DW = 0.2635 \tag{3-3}$$

其中，$\hat{\mu}_t$ 表示非均衡误差项的估计值。检验(1, 1)阶协整关系，进行 AEG(augmented Engle-Granger，增广的恩格尔–格兰杰)协整检验，结果如式(3-4)所示。

$$\Delta\hat{\mu}_t = -0.1650\hat{\mu}_{t-1} + 0.0408\Delta\hat{\mu}_{t-1}$$
$$R^2 = 0.0871, DW = 2.0287 \tag{3-4}$$

可得 AEG = −1.2645，根据 Mackinnon 的临界值表，计算协整检验临界值，结果如式(3-5)所示[144]。

$$C_{0.05} = -3.3377 - 5.967/21 - 8.98/21^2 = -3.6422 \tag{3-5}$$

−1.2645 > −3.6422，说明二者不存在(1, 1)阶协整关系，因此城镇居民人均信息消费支出和收入时间序列之间不存在线性均衡关系。

同样对农村居民人均信息消费支出与收入的关系进行协整回归，结果如式(3-6)

所示。

$$NCXXF_t = -116.1775 + 0.2426\,NCSR_t + \hat{\mu}_t \tag{3-6}$$
$$R^2 = 0.9785,\ DW = 0.3730$$

其中，$\hat{\mu}_t$ 表示非均衡误差项的估计值。检验(2,2)阶协整关系，进行 AEG 回归，结果如式(3-7)所示。

$$\Delta\hat{\mu}_t = -0.2490\hat{\mu}_{t-1} + 0.3151\Delta\hat{\mu}_{t-1} \tag{3-7}$$
$$R^2 = 0.1812,\ DW = 2.1022$$

可得 AEG $= -1.7817$，由于 $-1.7817 > -3.6422$，说明二者不存在(2,2)阶协整关系，即农村居民人均信息消费支出和收入时间序列之间不存在线性均衡关系。可以进一步检验(2,1)阶协整关系，结果如式(3-8)所示。

$$\Delta^2\hat{\mu}_t = -0.8202\Delta\hat{\mu}_{t-1} - 0.0115\Delta^2\hat{\mu}_{t-1} \tag{3-8}$$
$$R^2 = 0.3924,\ DW = 1.9257$$

可得 AEG $= -2.4494$，由于 $-2.4494 > -3.6422$，说明二者不存在(2,1)阶协整关系。

通过以上分析，虽然 CZXXF 和 CZSR 均为 $I(1)$ 序列，NCXXF 和 NCSR 均为 $I(2)$ 序列，但是通过 AEG 检验表明，变量均不存在同阶协整关系，因此采用线性回归得出的结论是不可靠的，而应采用非线性方法对信息消费支出与收入关系进行研究，得出时变的边际消费倾向研究结论。

3.1.3　城乡居民人均信息消费支出与收入的非参数回归模型

针对被解释变量 XXF 和解释变量 SR，应建立非参数回归模型，如式(3-9)所示[145]。

$$XXF_t = m(SR_t) + \varepsilon_t \tag{3-9}$$
$$\varepsilon_t \sim iid\left(0, \sigma_\varepsilon^2\right)$$

其中①，XXF_t 和 SR_t 分别表示各时期居民人均信息消费支出和人均可支配收入(纯收入)；ε_t 表示均值为 0 的随机误差项。

采用非参数核回归法进行估计，使用高斯核函数定义权重，如式(3-10)所示[146]。

$$w_{ih} = \frac{K\left[(SR_t - x)/h\right]}{\sum\limits_{t=1}^{n} K\left[(SR_t - x)/h\right]} \tag{3-10}$$

其中，高斯核函数的形式为 $K(x) = \dfrac{1}{\sqrt{2\pi}}\exp\left(-x^2/2\right)$；$h$ 表示带宽。

---

① 由于未提前设定函数形式，只是给出相应的数值解，所以非参数回归模型更符合真实的函数关系。

非参数核回归法将收入变量附近的 n 个消费观测值 XXF_t 进行加权平均,作为对应消费的估计量 $\hat{m}(x)$,如式(3-11)所示。

$$\hat{m}(x) = \frac{\sum_{t=1}^{n} K\left[(SR_t - x)/h\right] XXF_t}{\sum_{t=1}^{n} K\left[(SR_t - x)/XXF_t\right]} \tag{3-11}$$

因为使用了自变量附近邻域中观测值的信息,非参数核回归的估计量是有偏的,所以需要确定最优带宽 h,使得积分均方误差最小,采用的方法为交叉验证法[①]。经计算城镇居民信息消费的带宽为 1531.3906,而农村居民信息消费的带宽为 394.5837。

3.1.4 城乡居民信息消费的边际消费倾向变化规律

边际消费倾向为回归函数的导数,即 $MPC = m'(x)$,反映了居民增加的可支配收入中用于信息消费支出的比例。非参数回归模型计算出的自变量斜率随时间变化,即边际消费倾向会随着消费支出及收入在不同时期的变化而变化,适合于描述边际消费倾向的时变性。

城乡居民信息消费的边际消费倾向的计算结果如表 3-2 所示,边际消费倾向的变化规律如图 3-3 所示。

表 3-2 城乡居民信息消费的边际消费倾向

年份	城镇	农村	年份	城镇	农村
1993	0.0946	0.0981	2004	0.2871	0.2262
1994	0.1053	0.1055	2005	0.2928	0.2544
1995	0.1126	0.1166	2006	0.2782	0.2671
1996	0.1190	0.1335	2007	0.2441	0.2464
1997	0.1252	0.1429	2008	0.2204	0.2129
1998	0.1366	0.1511	2009	0.2005	0.1953
1999	0.1580	0.1589	2010	0.1883	0.2189
2000	0.1754	0.1636	2011	0.1696	0.2438
2001	0.2009	0.1740	2012	0.1312	0.2001
2002	0.2440	0.1883	2013	0.0966	0.1260
2003	0.2709	0.2021	平均值	0.1834	0.1822

① 交叉验证(cross validation)法的基本思想是,在估计 $\hat{m}(x_i)$ 时不使用 XXF_i,而看其余观测值对其预测能力有多强。

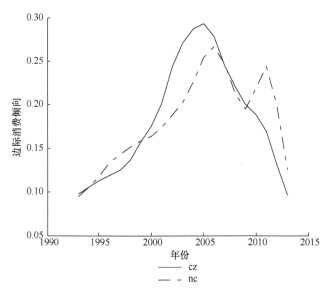

图 3-3 城乡居民信息消费的边际消费倾向变化规律图

cz 表示城镇居民，nc 表示农村居民

城镇居民信息消费的边际消费倾向呈倒 "U" 形变化规律，边际消费倾向在 1993～2005 年一直处于上升态势，2005 年达最大值 0.2928，2006 年之后处于下降态势，即消费随着收入的增加而增加，但是消费增加的幅度少于收入的增加幅度。

农村居民信息消费的边际消费倾向呈现双波峰倒 "U" 形变化规律，边际消费倾向在 1993～2006 年一直处于上升态势，2006 年达最大值 0.2671，2007 年之后处于下降态势，但是在 2010 年、2011 年有所上升，然后继续保持下降态势。

虽然城镇居民信息消费的支出远高于农村居民，但是农村居民的边际消费倾向和城镇居民相差不大，且在 2010 年以后一直大于城镇居民，反映出农村居民具有较强的消费意愿。

通过以上分析，目前城乡居民在信息消费方面仍然存在一些制约其增长与发展的因素，近年来随着新型信息产品和服务的快速增加，信息消费支出呈持续上升态势，但边际消费倾向有所降低。原因主要包括以下几个方面：信息基础设施不够完善、产品和服务的供给能力不足、信息消费的成本过高、信息消费环境不够安全、消费者的信息素质有待提高。而这几个方面在《国务院关于促进信息消费扩大内需的若干意见》[1]中均有提及，在此不再赘述。

3.2　基于横截面数据的概率密度函数测度

3.2.1　城乡居民信息消费支出的分布特征与演进规律

为了对各省区市城乡居民信息消费支出的分布特征与演进规律有更清晰的了解，本小节使用最佳带宽和高斯核函数①，采用核密度估计方法估计部分年份(2002年、2005年、2008年、2011年、2013年)的概率密度函数，并从分布的位置和形态变化分析分布特征与演进规律[147-149]。本小节根据估计结果绘制了城乡居民信息消费支出的概率密度函数曲线图，分别如图 3-4、图 3-5 所示②。从中可以看出：密度函数中心逐渐向右移动，说明城乡居民信息消费支出呈上升趋势，这一特征与描述部分结论相一致；右侧尾部有不断拉长的趋势，主峰高度下降，说明高信息消费支出地区在增加，但整体差异在拉大；而左侧尾部厚度减少，说明低支出地区逐渐减少。

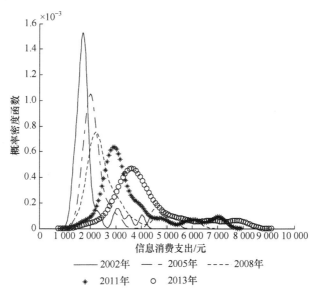

图 3-4　城镇居民信息消费支出的概率密度函数曲线图

---

① 经实际验证，不同的核函数对核密度估计的影响不大，而带宽则有较大影响。较大的带宽，其概率密度函数曲线较平滑，但无法反映更多细节；较小的带宽，其概率密度函数曲线较曲折，光滑性较差。本节使用 Matlab 统计工具箱中提供的 ksdensity 函数进行估计，默认采用最佳带宽。

② 考虑到 2002 年以来居民信息消费水平的迅猛发展，同时由于统计年鉴中 2014 年以后城镇居民收入与消费数据的统计口径发生变化，城镇居民选取我国 31 个省区市(不包括港澳台地区)、农村居民选取 27 个省区(不包含港澳台地区和直辖市)2002~2013 年的横截面数据。同时为了剔除物价因素的影响，利用以 2002 年为基期的分地区城乡居民消费价格指数对相关数据进行了平减。3.2.2 小节和 3.2.3 小节所用的数据，与此小节相同。

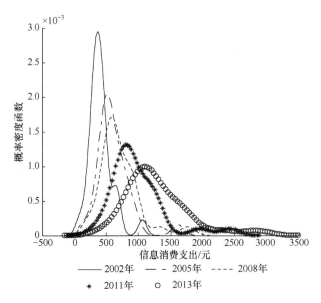

图 3-5　农村居民信息消费支出的概率密度函数曲线图

3.2.2　城乡居民信息消费系数的分布特征与演进规律

本小节绘制了城乡居民信息消费系数的概率密度函数曲线图，分别如图 3-6、图 3-7 所示。

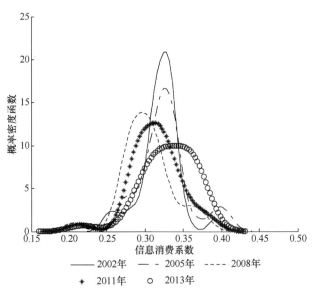

图 3-6　城镇居民信息消费系数的概率密度函数曲线图

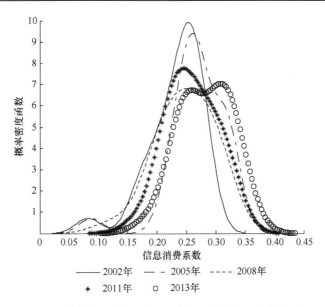

图 3-7　农村居民信息消费系数的概率密度函数曲线图

从图 3-6 中可以看出：城镇居民以 2008 年为界，密度函数中心先向左移动，后向右移动，说明信息消费系数的波动发展趋势；左侧尾部不断拉长、主峰高度呈下降的趋势，说明各地区的信息消费系数差距呈扩大趋势，且低信息消费系数地区增加。

从图 3-7 中可以看出：密度函数中心除在 2008 年左移外，其余年份均向右移动，说明在农村居民信息消费系数虽有波动但总体呈上升的趋势；左侧尾部厚度减小而右侧尾部厚度增加，说明高信息消费系数地区增多而低信息消费系数地区减少；主峰高度总体呈下降的趋势且在 2013 年呈明显的双峰特征，说明各地区的相对信息消费系数差距扩大，并且有两极分化的趋势。

3.2.3　城乡居民信息消费倾向的分布特征与演进规律

本小节绘制了城乡居民信息消费倾向的概率密度函数曲线图，分别如图 3-8、图 3-9 所示。

从图 3-8 中可以看出：以 2008 年为界，密度函数中心先向左移动，后向右移动，说明信息消费倾向的波动发展趋势；左侧尾部拉长且在 2011 年后具有明显的双峰特征，主峰高度下降，说明消费倾向差距增大且有两极分化的趋势。

从图 3-9 中可以看出：密度函数中心除在 2008 年左移外，其余年份均向右移动，说明在农村居民信息消费倾向虽有波动但总体呈上升的趋势；主峰高度下降且右侧尾部明显增厚，说明农村居民高消费倾向地区增多，但差距也在扩大。

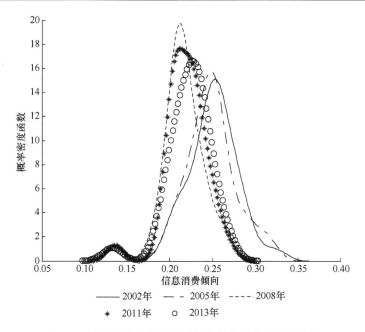

图 3-8 城镇居民信息消费倾向的概率密度函数曲线图

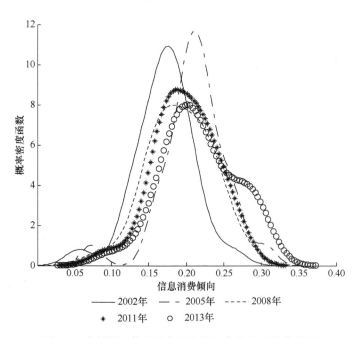

图 3-9 农村居民信息消费倾向的概率密度函数曲线图

3.3　基于面板数据的信息消费水平动态组合评价

3.3.1　研究思路

结合研究对象特点，本小节采用两阶段组合评价方法展开研究[①]。

第一阶段，采用第一主成分方法进行综合评价，得到各时间截面的信息消费水平综合评价值并对发展态势进行分析[②]。

第二阶段，抛弃由主观经验给出时间权重的方法，而采用组合评价的方法进行研究，得出样本期内信息消费水平的总体评价结论。在研究方法的选择上，可以从不同的角度选取不同的评价方法。

具体研究思路如图 3-10 所示，首先，从三个方面对城乡居民信息消费水平进行描述性统计分析；其次，基于第一主成分方法评价各时间截面信息消费水平；再次，采用时间赋权法评价样本期内总的信息消费水平；最后，采用非参数统计方法对区域之间的信息消费水平进行比较。

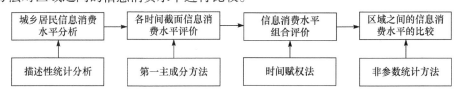

图 3-10　研究思路

3.3.2　城乡居民信息消费水平的描述性统计分析

1. 信息消费支出分析

城乡居民人均信息消费支出的演变趋势如图 3-11 所示，从中可以看出 2002～2013 年农村居民人均信息消费支出呈持续增长态势，但与城镇居民有较大差距。2002 年城镇居民人均信息消费支出为 1958.4 元，而农村居民为 442.7 元，相差1515.7 元，农村居民人均信息消费支出为城镇居民的 22.61%。到 2013 年，城镇居民人均信息消费支出 4569.1 元，而农村居民为 1328.4 元，相差 3240.7 元，农村居民人均信息消费支出为城镇居民的 29.07%，城乡居民信息消费绝对水平的相对差距呈缩小态势。城镇居民人均信息消费支出平均每年上升 8.01%，而农村

---

①　采用 2002～2013 年的面板数据进行研究，截面单元和数据来源同 3.2 节横截面数据。第 4、5 章所用的面板数据、时间范围和截面单元也同此节。

②　评价指标之间有较强的相关性，而最常用的线性加权评价法只适用于各评价指标相互独立的场合，这一点在研究中常被忽略。

居民平均每年上升 10.51%，说明农村居民的增速要快于城镇居民，但农村居民 2013 年的人均信息消费支出比 2002 年城镇居民支出还低 630 元。

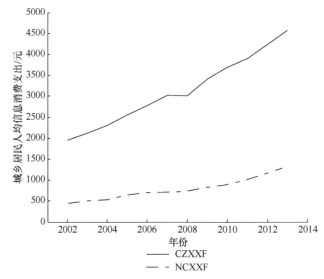

图 3-11　城乡居民人均信息消费支出趋势图

CZXXF 表示城镇居民人均信息消费支出；NCXXF 表示农村居民人均信息消费支出

2. 信息消费系数分析

城乡居民人均信息消费系数的演变趋势如图 3-12 所示，可以看出城乡居民信息消费系数在样本期内有一定波动，但总体呈上升趋势。城镇居民信息消费系数

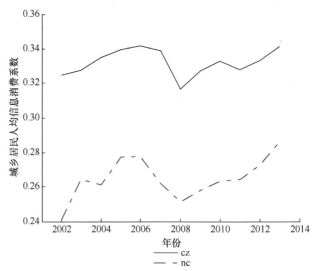

图 3-12　城乡居民人均信息消费系数趋势图

cz 表示城镇居民，nc 表示农村居民

由 2002 年的 0.3248 上升到 2013 年的 0.3412，平均每年上升 0.45%。而农村居民信息消费系数由 2002 年的 0.2413 上升到 2013 年的 0.2862，平均每年上升 1.56%，增速要快于城镇居民。城乡之间的差距由 2002 年的 0.0834[①]缩小到 2013 年的 0.0550。

3. 信息消费倾向分析

城乡居民人均信息消费倾向的演变趋势如图 3-13 所示，可以看出，城镇居民信息消费倾向在样本期内有一定波动，但总体呈下降趋势，而农村居民信息消费倾向在样本期内有一定波动，但总体呈上升趋势。城镇居民信息消费倾向由 2002 年的 0.2543 下降到 2013 年的 0.2281，平均每年下降 0.98%。而农村居民信息消费倾向由 2002 年的 0.1788 上升到 2013 年的 0.2131，平均每年上升 1.61%。城镇居民的信息消费倾向要高于农村居民，城乡之间的差距由 2002 年的 0.0754[②]缩小到 2013 年的 0.0150。

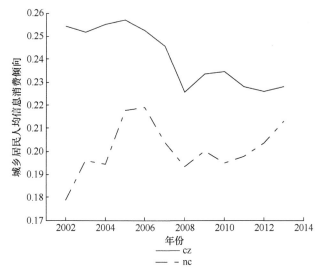

图 3-13　城乡居民人均信息消费倾向趋势图
cz 表示城镇居民，nc 表示农村居民

通过以上分析，可以看出城镇居民在信息消费支出、信息消费系数、信息消费倾向三个方面仍较农村居民有较大的领先优势，但农村居民的信息消费增速要快于城镇居民。城镇居民在信息消费支出、信息消费系数方面仍保持增长趋势，但信息消费倾向方面呈下降趋势，而农村居民三个方面的增长虽有波动，但总体

---

① 本数据由原始数据计算并四舍五入而得出，非书中数据直接相减。
② 同①

均呈上升趋势。这些同时说明，不能从单一指标对信息消费的水平进行研究，否则所得结论可能是有偏的。

3.3.3　城镇居民信息消费水平的动态组合评价

1. 各时间截面城镇居民信息消费水平评价及发展态势分析

以 2002 年的样本数据为例，计算样本的相关系数如表 3-3 所示[①]，可以看出三个指标之间有较高的相关性，适合进行主成分分析。

表 3-3　2002 年样本的相关系数

相关系数	信息消费支出	信息消费系数	信息消费倾向
信息消费支出	1.0000	0.6417	0.5867
信息消费系数	0.6417	1.0000	0.8619
信息消费倾向	0.5867	0.8619	1.0000

主成分分析方法的结论中[②]，第一主成分说明了原始数据的总规模，为"大小因子"，从综合评价角度来说，只有第一主成分才能用于综合评价。其余各主成分则说明样本内部的各方面特征，是一些"形状因子"，所以将其他主成分也纳入综合评价值是不合理的[150,151]。采用第一主成分方法，将计算得到的各省区市主成分的得分作为城镇居民信息消费水平的评价值，具体计算步骤如下。

步骤 1：记各原始面板数据为

$$x_{ij}(t)\left(i=1,2,\cdots,31; j=1,2,3; t=2002,2003,\cdots,2013\right)$$

步骤 2：分时间截面，采用式(3-12)将原始面板数据标准化。

$$z_{ij}(t)=\frac{x_{ij}(t)-\bar{x}_j(t)}{s_j(t)}\left(i=1,2,\cdots,31; j=1,2,3; t=2002,2003,\cdots,2013\right)\quad(3\text{-}12)$$

其中，$\bar{x}_j(t)=\frac{1}{n}\sum_{i=1}^{n}x_{ij}(t)$ 和 $s_j(t)=\frac{1}{n-1}\sum_{i=1}^{n}\left(x_{ij}(t)-\bar{x}_j(t)\right)^2$ 分别表示第 j 项指标的样本平均值和均方差；$z_{ij}(t)$ 表示标准化面板数据。

步骤 3：计算各个时间截面的各标准化矩阵的相关系数矩阵。

步骤 4：计算该相关系数矩阵对应的特征值与特征向量。

---

① 限于篇幅，其余年份略去。

② 用主成分分析方法进行综合评价，比较流行的方法是取多个主成分或全部主成分的加权平均值进行评价，所用权系数是各主成分的方差贡献率。理由是第一主成分的方差贡献率往往不足，只用第一主成分进行评价会损失太多的信息。但是主成分分析方法作为数据降维方法，其每一个主成分均是有特定经济含义的，可以用于揭示原始样本中的基本性质。本节的第一主成分分析采用 Matlab R2009a 中的 princomp 函数完成。

步骤 5：计算各个时间截面的第一主成分得分矩阵，并将其作为单指标的面板数据，记作 $z_i(t)(i=1,2,\cdots,31; t=2002,2003,\cdots,2013)$。

表 3-4 给出了部分年份主成分计算结果，从中可以看出：第一主成分的贡献率除了 2013 年为 77.89%，其余年份均大于 80%，说明用第一主成分得分作为综合评价值的合理性；各年份的第一主成分在每个标准化变量上均具有相近的正系数，说明第一主成分反映了居民信息消费的水平，为"大小因子"。

表 3-4 部分年份主成分计算结果

计算结果	2002 年	2005 年	2008 年	2011 年	2013 年
	0.5272	0.5681	0.5685	0.5646	0.5385
第一主成分特征向量	0.6073	0.5929	0.5935	0.5976	0.6146
	0.5944	0.5708	0.5698	0.5693	0.5764
第一主成分的贡献率	80.03%	87.79%	88.47%	84.63%	77.89%

限于篇幅，本节略去各时间截面城镇居民信息消费水平的评价值，对 2002～2013 年 31 个省区市的信息消费水平评价值进行排序，结果如表 3-5 所示。

表 3-5 2002～2013 年各省区市城镇居民的信息消费水平排序

省区市	2002 年	2003 年	2004 年	2005 年	2006 年	2007 年
北京	1	1	1	1	1	3
天津	10	12	9	7	6	5
河北	18	11	24	18	17	15
山西	16	23	15	22	14	13
内蒙古	19	10	12	16	13	6
辽宁	21	13	16	11	23	16
吉林	22	17	14	13	18	17
黑龙江	25	21	13	20	20	19
上海	3	4	2	4	4	2
江苏	28	18	23	10	10	7
浙江	4	2	4	3	3	4
安徽	31	31	31	30	28	22
福建	29	28	18	26	19	14
江西	27	30	30	31	30	30
山东	13	15	10	12	8	10
河南	24	24	27	25	26	25
湖北	15	22	19	24	24	26

续表

省区市	2002 年	2003 年	2004 年	2005 年	2006 年	2007 年
湖南	12	7	5	8	9	12
广东	2	3	3	2	2	1
广西	23	27	22	23	29	27
海南	20	26	28	29	15	9
重庆	5	6	7	5	7	11
四川	17	14	8	15	12	20
贵州	26	25	26	28	27	28
云南	8	8	11	9	16	29
西藏	30	29	29	27	31	31
陕西	6	5	6	6	5	8
甘肃	11	9	17	17	11	18
青海	14	20	21	14	21	21
宁夏	7	16	25	21	22	24
新疆	9	19	20	19	25	23
省区市	2008 年	2009 年	2010 年	2011 年	2012 年	2013 年
北京	2	3	1	1	1	2
天津	5	5	5	5	6	8
河北	16	16	23	20	25	18
山西	17	19	15	18	18	16
内蒙古	6	6	6	7	7	11
辽宁	9	10	7	9	9	9
吉林	12	8	10	11	10	5
黑龙江	19	20	24	17	22	22
上海	1	2	2	4	4	3
江苏	8	7	11	6	5	6
浙江	4	1	3	2	3	4
安徽	24	26	18	22	12	19
福建	13	14	17	16	15	17
江西	30	29	30	29	30	29

续表

省区市	2008 年	2009 年	2010 年	2011 年	2012 年	2013 年
山东	10	11	9	15	19	24
河南	21	25	19	19	20	23
湖北	26	30	28	27	27	26
湖南	22	23	16	12	14	10
广东	3	4	4	3	2	1
广西	14	18	12	10	17	12
海南	18	13	21	25	23	27
重庆	15	17	26	24	29	30
四川	25	15	22	26	26	20
贵州	29	27	25	28	21	21
云南	27	22	13	13	13	15
西藏	31	31	31	31	31	31
陕西	7	12	14	8	8	13
甘肃	20	21	20	21	16	25
青海	28	28	29	30	28	28
宁夏	11	9	8	14	11	7
新疆	23	24	27	23	24	14

以末期较初期的序差反映的排名变化为横坐标，整个样本期排名的标准差为纵坐标绘制散点图，如图 3-14 所示，可以将 31 个省区市分为五个类型。第一类包括江苏、广西、安徽、福建、辽宁、吉林、内蒙古，此类特点为末期较初期排名进步明显，但样本期内排名波动较大；第二类包括北京、上海、广东、浙江、江西、西藏，此类特点为末期较初期排名变化不大，且样本期内排名无较大波动；第三类包括宁夏、湖南、河北、山西、黑龙江、河南、贵州、天津，此类特点为末期较初期排名变化不大，但波动较大；第四类包括云南、海南、青海、四川、新疆、甘肃、山东、湖北、陕西，此类特点为末期较初期排名退步明显，且波动较大；第五类为重庆，其末期较初期排名退步最为明显且波动最大。

根据以上分析结论，分别在五类区域中各选取一个省区市，绘制样本期内排名情况变化图，如图 3-15 所示，可以看出五个省区市所代表的五类区域在样本期内排名变化不尽相同，说明要得出整个样本期的排名情况需要在时间维度上进行综合评价。

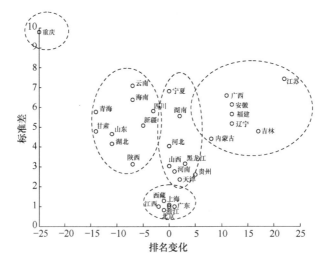

图 3-14　各省区市的城镇居民信息消费水平排序变化情况散点图

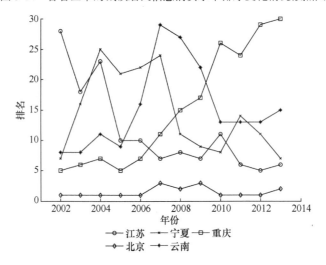

图 3-15　部分省区市排名变化趋势图

2. 城镇居民信息消费水平组合评价

从前文的结论，可以看出城镇居民信息消费水平存在明显差异，而且可以分为不同的等级水平，本节要解决的问题是基于前文得到的各时间截面城镇居民信息消费水平评价值进行动态组合评价，得出各省区市的具体评价值并进行排序。

对数据的处理有两种思路。第一，直接使用数据进行评价，适用于短期评价数据。第二，考虑本次研究周期为 12 年，引入激励或惩罚作用。依据此思路，分析如下[①]。

令 $c_i(t) = \alpha z_i(t) + \beta\big(z_i(t) - z_i(t-1)\big)$ $(i = 1, 2, \cdots, 31; t = 2003, 2004, \cdots, 2013)$，其中，$\alpha$、$\beta$ 描述指标和指标变化量的重要性，α 和 $\beta \in [0,1]$ 且 $\alpha + \beta = 1$。这里取 α 和 β 均为 0.5[152]。

采用以下几种方法对时间权重赋值[153,154]。

(1) 均值法。取时间权重为 $\omega_t^1 = 1/11$ $(t = 2003, 2004, \cdots, 2013)$，对各时间截面赋予相同的权重。可得相应的评价值为 $y_{i1} = \sum\limits_{t=2003}^{2013} c_i(t)\omega_t^1$ $(i = 1, 2, \cdots, 31)$。

(2) 三重差异驱动法，体现"厚今薄古"思想。取时间权重为 $\omega_t^2 = \mathrm{e}^{\lambda t_k}$ $(t_k = 1, 2, \cdots, 11; t = 2003, 2004, \cdots, 2013)$，$\mathrm{e}^{\lambda t_k}$ 为主观加权函数，$\lambda = (2 \times 11)^{-1}$。可得相应的评价值为 $y_{i2} = \sum\limits_{t=2003}^{2013} c_i(t)\omega_t^2$ $(i = 1, 2, \cdots, 31)$。

(3) 四重差异驱动法，评价各评价对象的波动情况。用 $\tau_i = \dfrac{E(c_i)}{\sqrt{D(c_i)}}$ $(i = 1, 2, \cdots, 31)$ 描述，$E(c_i)$ 和 $D(c_i)$ 分别表示各省区市在评价时间周期上估计值的均值和方差。可得相应的评价值为 $y_{i3} = \mu_1 y_{i2} + \mu_2 \tau_i$ $(i = 1, 2, \cdots, 31)$，μ_1 和 $\mu_2 \in [0,1]$ 且 $\mu_1 + \mu_2 = 1$。

(4) 离差最大化法，从评价的整体角度突出整体差异，时间权重应能使所有评价对象的差异达到最大。取时间权重为 $\omega_t^4 = \dfrac{\sum\limits_{i=1}^{31}\sum\limits_{n=1}^{31}\big|c_i(t) - c_n(t)\big|}{\sum\limits_{t=2003}^{2013}\sum\limits_{i=1}^{31}\sum\limits_{n=1}^{31}\big|c_i(t) - c_n(t)\big|}$ $(t = 2003,$ $2004, \cdots, 2013)$。可得相应的评价值为 $y_{i4} = \sum\limits_{t=2003}^{2013} c_i(t)\omega_t^4$ $(i = 1, 2, \cdots, 31)$。

(5) 均方差法，取时间权重为 $\omega_t^5 = \dfrac{s_j(t)}{\sum\limits_{j=1}^{31} s_j(t)}$ $(t = 2003, 2004, \cdots, 2013)$，突出局部差异。$s_j(t) = \left(\dfrac{1}{30}\sum\limits_{i=1}^{31}\left(c_i(t) - \dfrac{1}{31}\sum\limits_{i=1}^{31} c_i(t)\right)^2\right)^{1/2}$ 表示相应时间单位的样本标准差。

---

① 在动态综合评价时，不仅要考虑到指标的好坏程度，还要考虑到指标本身的增长情况，考虑激励或惩罚作用，适用于较长期评价数据。本节所使用的组合评价方法，由 Matlab R2009a 自编程序完成。

可得相应的评价值为 $y_{i5} = \sum\limits_{t=2003}^{2013} c_i(t)\omega_t^5 (i = 1, 2, \cdots, 31)$。

以上五种方法，前两种属于主观赋权法；第三种为主客观相结合的赋权法；后两种为客观赋权法。在以上多种评价方法结论的基础上，采用步骤 1～步骤 4 求解组合评价结论，具体步骤如下[152]。

步骤 1：将多种评价方法的评价结论进行标准化处理，得到标准化数据 $y_{ij}^* = \dfrac{y_{ij} - \overline{y}_j}{\sigma_j}$，$(i = 1, 2, \cdots, 31; j = 1, 2, \cdots, 5)$，$\overline{y}_j$ 和 σ_j 分别表示由第 j 种评价方法得到的样本均值和标准差，并记 $Y = \left(y_{ij}^*\right)_{31\times5}$。

步骤 2：求解实对称矩阵 $H = Y^{\mathrm{T}}Y$。

步骤 3：求 H 的最大特征值及相应的标准特征向量，由此确定组合权向量 $\lambda = (0.2000, 0.2001, 0.1997, 0.2001, 0.2001)^{\mathrm{T}}$，说明几种方法的重要程序是基本相同的，在此基础上可得到综合评价值为 $Y\lambda$。

步骤 4：按照组合评价值大小进行排序。

依据以上分析，具体评价结论如表 3-6 所示。

表 3-6　城镇居民信息消费水平组合评价结论

省区市	均值法		三重差异驱动法		四重差异驱动法	
	评价值	排序	评价值	排序	评价值	排序
北京	1.8821	1	26.7054	1	15.4140	1
天津	0.4555	5	6.9612	5	4.6404	5
河北	−0.2038	19	−3.0742	19	−2.0904	20
山西	−0.1399	16	−1.9222	15	−1.4476	16
内蒙古	0.2519	7	4.0610	8	2.5152	7
辽宁	0.0977	11	1.8141	10	1.1119	10
吉林	0.1059	10	2.0158	9	1.2031	9
黑龙江	−0.2636	22	−3.9506	22	−3.2268	23
上海	1.3966	3	20.3826	3	12.1967	4
江苏	0.2402	8	4.1809	7	2.4124	8
浙江	1.3928	4	20.3169	4	12.7918	3
安徽	−0.5729	29	−7.5063	26	−4.3413	26
福建	−0.2032	18	−2.6114	17	−1.6981	17

续表

省区巾	均值法		三重差异驱动法		四重差异驱动法	
	评价值	排序	评价值	排序	评价值	排序
江西	−0.9862	30	−14.1338	30	−9.9879	30
山东	0.0127	12	−0.0285	12	0.0166	12
河南	−0.3897	24	−5.5398	24	−4.2606	25
湖北	−0.5566	28	−8.4027	28	−5.6786	29
湖南	0.1182	9	1.4362	11	0.8979	11
广东	1.5244	2	22.2022	2	13.7993	2
广西	−0.2564	21	−3.1652	20	−1.9664	18
海南	−0.3974	25	−5.7344	25	−3.4843	24
重庆	−0.0883	14	−2.3082	16	−1.2383	15
四川	−0.2299	20	−3.6916	21	−2.3386	21
贵州	−0.5302	26	−7.6321	27	−5.5560	28
云南	−0.0899	15	−1.3179	14	−0.7985	14
西藏	−1.8318	31	−27.8385	31	−15.2552	31
陕西	0.3519	6	4.8544	6	3.2080	6
甘肃	−0.1893	17	−3.0562	18	−1.9875	19
青海	−0.5455	27	−8.4059	29	−5.2258	27
宁夏	−0.0489	13	−0.1613	13	−0.1525	13
新疆	−0.3064	23	−4.4500	23	−3.0329	22

省区市	离差最大化法		均方差法		组合评价法	
	评价值	排序	评价值	排序	评价值	排序
北京	1.8759	1	1.8816	1	9.5486	1
天津	0.4585	5	0.4564	5	2.5934	5
河北	−0.2059	19	−0.2039	19	−1.1552	19
山西	−0.1393	16	−0.1403	16	−0.7575	15
内蒙古	0.2534	7	0.2517	7	1.4661	7
辽宁	0.0978	11	0.0953	11	0.6431	10
吉林	0.1067	10	0.1027	10	0.7066	9
黑龙江	−0.2636	22	−0.2628	22	−1.5927	22

省区市	离差最大化法		均方差法		组合评价法	
	评价值	排序	评价值	排序	评价值	排序
上海	1.4003	3	1.4013	3	7.3529	4
江苏	0.2435	8	0.2386	8	1.4626	8
浙江	1.3958	4	1.3967	4	7.4560	3
安徽	−0.5672	29	−0.5732	29	−2.7113	26
福建	−0.1998	18	−0.2027	18	−0.9827	17
江西	−0.9852	30	−0.9868	30	−5.4137	30
山东	0.0130	12	0.0156	12	0.0059	12
河南	−0.3897	24	−0.3904	24	−2.1931	25
湖北	−0.5581	28	−0.5567	28	−3.1493	29
湖南	0.1158	9	0.1156	9	0.5366	11
广东	1.5281	2	1.5283	2	8.1135	2
广西	−0.2543	21	−0.2590	21	−1.1799	20
海南	−0.3960	25	−0.3938	25	−2.0804	24
重庆	−0.0912	14	−0.0839	14	−0.7617	16
四川	−0.2322	20	−0.2301	20	−1.3439	21
贵州	−0.5316	26	−0.5324	26	−2.9552	27
云南	−0.0931	15	−0.0944	15	−0.4786	14
西藏	−1.8384	31	−1.8321	31	−9.7160	31
陕西	0.3509	6	0.3518	6	1.8227	6
甘肃	−0.1908	17	−0.1882	17	−1.1220	18
青海	−0.5470	27	−0.5438	27	−3.0525	28
宁夏	−0.0485	13	−0.0524	13	−0.0927	13
新疆	−0.3080	23	−0.3088	23	−1.6805	23

从组合评价结论可以得出,城镇居民信息消费水平处于上游区(1～10 位)的依次为北京、广东、浙江、上海、天津、陕西、内蒙古、江苏、吉林、辽宁;排在中游区(11～20 位)的依次为湖南、山东、宁夏、云南、山西、重庆、福建、甘肃、河北、广西;处于下游区(21～31 位)的依次为四川、黑龙江、新疆、海南、河南、安徽、贵州、青海、湖北、江西、西藏。

以信息消费水平组合评价值为横坐标，以反映排名波动情况的标准差为纵坐标，绘制城镇居民信息消费水平分类图，如图 3-16 所示。由图 3-16 可以看出，31 个省区市分为三类：北京、上海、浙江、广东为第一类，表示信息消费水平高且发展平稳；江西、西藏为第二类，表示信息消费水平低且发展平稳；其余省区市为第三类，表示信息消费水平中等但处于跳跃发展阶段。

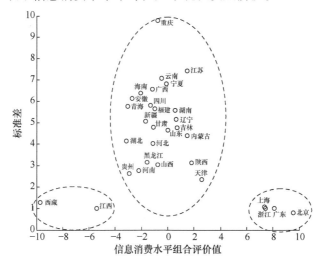

图 3-16　城镇居民信息消费水平分类图

3.3.4　农村居民信息消费水平的动态组合评价

1. 各时间截面农村居民信息消费水平评价及发展态势分析

同样以 2002 年的样本数据为例，样本的相关系数计算结果如表 3-7 所示(限于篇幅，其余年份略去)，可以看出三个指标之间有较高的相关性，适合进行主成分分析。

表 3-7　2002 年样本的相关系数

相关系数	信息消费支出	信息消费系数	信息消费倾向
信息消费支出	1.0000	0.6544	0.5464
信息消费系数	0.6544	1.0000	0.8584
信息消费倾向	0.5464	0.8584	1.0000

表 3-8 给出了部分年份主成分计算结果，从中可以看出：第一主成分的贡献率均达到 75%以上，各年份的第一主成分在每个标准化变量上均具有相近的正系数，说明将第一主成分得分作为综合评价值的合理性。对 2002～2013 年的 27 个

省区的信息消费水平评价值进行排序，结果如表 3-9 所示。

表 3-8   部分年份主成分计算结果

计算 结果	2002 年	2005 年	2008 年	2011 年	2013 年
第一主成分特征向量	0.5243	0.5208	0.5180	0.5374	0.5237
	0.6146	0.6199	0.6200	0.6243	0.6355
	0.5894	0.5869	0.5894	0.5669	0.5674
第一主成分的贡献率	79.38%	77.23%	78.47%	78.75%	77.33%

表 3-9   2002～2013 年农村居民各省区的信息消费水平排序

省区	2002 年	2003 年	2004 年	2005 年	2006 年	2007 年
河北	19	18	19	21	15	15
山西	17	15	14	16	9	8
内蒙古	3	3	2	4	2	2
辽宁	11	12	15	3	6	9
吉林	7	5	5	7	4	5
黑龙江	14	10	16	5	8	7
江苏	5	4	7	8	5	4
浙江	1	1	1	1	1	1
安徽	21	17	18	13	10	13
福建	6	9	10	12	14	14
江西	15	16	13	14	17	21
山东	4	8	6	6	7	6
河南	23	22	24	24	22	20
湖北	16	19	17	17	16	18
湖南	12	13	11	11	12	16
广东	9	11	9	10	19	22
广西	18	21	23	18	21	24
海南	24	24	25	25	25	25
四川	20	20	21	22	23	23
贵州	26	26	26	26	26	26

续表

省区	2002 年	2003 年	2004 年	2005 年	2006 年	2007 年
云南	25	25	22	23	24	19
西藏	27	27	27	27	27	27
陕西	2	2	3	2	3	3
甘肃	10	6	8	9	11	12
青海	13	14	12	20	13	10
宁夏	8	7	4	15	20	11
新疆	22	23	20	19	18	17
省区	2008 年	2009 年	2010 年	2011 年	2012 年	2013 年
河北	15	14	11	14	13	13
山西	7	8	7	10	8	12
内蒙古	4	4	3	3	4	3
辽宁	9	7	9	8	12	11
吉林	6	6	8	4	2	2
黑龙江	3	3	4	7	7	7
江苏	2	2	2	2	1	4
浙江	1	1	1	1	3	1
安徽	16	17	15	12	15	20
福建	13	13	12	15	18	21
江西	20	23	23	23	24	25
山东	8	10	6	6	6	9
河南	19	21	17	19	17	15
湖北	23	22	22	20	16	19
湖南	18	19	20	22	21	16
广东	17	20	16	21	22	14
广西	25	24	26	24	23	24
海南	22	18	24	26	26	26
四川	24	25	21	18	20	18
贵州	26	26	25	25	25	23
云南	21	15	19	17	19	22

省区	2008 年	2009 年	2010 年	2011 年	2012 年	2013 年
西藏	27	27	27	27	27	27
陕西	5	5	5	5	5	5
甘肃	12	16	18	9	10	10
青海	10	11	13	16	9	6
宁夏	11	9	10	11	11	8
新疆	14	12	14	13	14	17

　　绘制各省区农村居民的信息消费水平排序变化情况散点图，如图 3-17 所示，可以将 27 个省区分为五个类型：第一类包括黑龙江、山西、新疆、青海、河北、河南、吉林；第二类包括贵州、内蒙古、浙江、西藏；第三类包括宁夏、甘肃、辽宁、安徽、云南、江苏、四川；第四类包括广东、湖南、广西、湖北、海南、山东、陕西；第五类包括江西、福建。

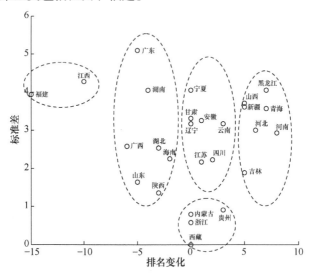

图 3-17　各省区农村居民的信息消费水平排序变化情况散点图

　　绘制样本期内代表五类区域的五个省区的排名情况变化图，如图 3-18 所示，说明农村居民的信息消费水平需要在时间维度上进行综合评价。

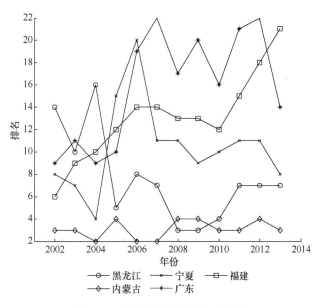

图 3-18　部分省区排名变化趋势图

2. 农村居民信息消费水平组合评价

农村居民信息消费水平具体评价结论如表 3-10 所示。从组合评价结论可以得出，农村居民信息消费水平处于上游区(1～9 位)的依次为浙江、内蒙古、江苏、陕西、吉林、山东、黑龙江、辽宁、山西；排在中游区(10～18 位)的依次为宁夏、甘肃、青海、福建、河北、安徽、广东、新疆、湖南；处于下游区(19～27 位)的依次为湖北、河南、江西、云南、四川、广西、海南、贵州、西藏。

表 3-10　农村居民信息消费水平具体评价结论

省区	均值法		三重差异驱动法		四重差异驱动法	
	评价值	排序	评价值	排序	评价值	排序
河北	−0.1101	14	−1.3814	14	−1.0553	14
山西	0.2857	9	4.4394	9	2.8094	9
内蒙古	1.0716	2	15.6363	2	10.7852	2
辽宁	0.3603	8	5.2949	8	3.4244	8
吉林	0.7715	5	11.5866	5	7.6365	5
黑龙江	0.5692	6	8.6393	6	5.1512	7
江苏	0.9489	3	14.5520	3	8.4092	4
浙江	1.4963	1	21.5852	1	14.3320	1

省区	均值法		三重差异驱动法		四重差异驱动法	
	评价值	排序	评价值	排序	评价值	排序
安徽	−0.1369	15	−2.1997	15	−1.4468	15
福建	−0.0486	13	−1.1391	13	−0.6686	13
江西	−0.4346	21	−6.9090	22	−4.1744	20
山东	0.5106	7	7.5189	7	6.6441	6
河南	−0.4344	20	−6.0896	20	−4.4986	21
湖北	−0.3327	19	−5.0662	19	−3.4270	19
湖南	−0.2296	18	−3.7860	18	−2.3323	18
广东	−0.1845	16	−3.0826	17	−1.8319	16
广西	−0.6145	24	−9.2431	24	−6.1803	24
海南	−0.7587	25	−11.2975	25	−7.4473	25
四川	−0.4952	23	−7.2434	23	−5.1915	23
贵州	−0.9325	26	−13.4311	26	−9.6466	26
云南	−0.4751	22	−6.7543	21	−4.7919	22
西藏	−2.0593	27	−29.6397	27	−18.8037	27
陕西	0.8967	4	12.8161	4	9.4540	3
甘肃	0.1903	11	2.6436	11	1.6697	11
青海	0.0849	12	1.4885	12	0.8964	12
宁夏	0.2713	10	4.0239	10	2.5404	10
新疆	−0.2105	17	−2.9622	16	−2.1340	17

省区	离差最大化法		均方差法		组合评价法	
	评价值	排序	评价值	排序	评价值	排序
河北	−0.1068	14	−0.1098	14	−0.5525	14
山西	0.2915	9	0.2863	9	1.6220	9
内蒙古	1.0716	2	1.0709	2	5.9252	2
辽宁	0.3606	8	0.3605	8	1.9595	8
吉林	0.7750	5	0.7715	5	4.3068	5
黑龙江	0.5764	6	0.5708	6	3.1005	7
江苏	0.9591	3	0.9505	3	5.1625	3

续表

省区	离差最大化法		均方差法		组合评价法	
	评价值	排序	评价值	排序	评价值	排序
浙江	1.4939	1	1.4964	1	8.0782	1
安徽	−0.1404	15	−0.1374	15	−0.8120	15
福建	−0.0526	13	−0.0486	13	−0.3914	13
江西	−0.4431	21	−0.4357	21	−2.4787	21
山东	0.5109	7	0.5105	7	3.1377	6
河南	−0.4309	20	−0.4340	20	−2.3767	20
湖北	−0.3376	19	−0.3337	19	−1.8988	19
湖南	−0.2369	18	−0.2308	18	−1.3627	18
广东	−0.1915	16	−0.1852	16	−1.0948	16
广西	−0.6197	24	−0.6149	24	−3.4534	24
海南	−0.7594	25	−0.7586	25	−4.2030	25
四川	−0.4971	23	−0.4953	23	−2.7835	23
贵州	−0.9319	26	−0.9324	26	−5.1731	26
云南	−0.4720	22	−0.4748	22	−2.5927	22
西藏	−2.0521	27	−2.0585	27	−10.9193	27
陕西	0.8939	4	0.8964	4	4.9897	4
甘肃	0.1859	11	0.1897	11	0.9755	11
青海	0.0885	12	0.0848	12	0.5285	12
宁夏	0.2733	10	0.2716	10	1.4757	10
新疆	−0.2085	17	−0.2102	17	−1.1447	17

　　绘制农村居民信息消费水平分类图，如图 3-19 所示。由图 3-19 可以看出，27 个省区分为三类：浙江、内蒙古、陕西、山东、吉林、江苏为第一类；贵州、西藏为第二类；其余省区为第三类。

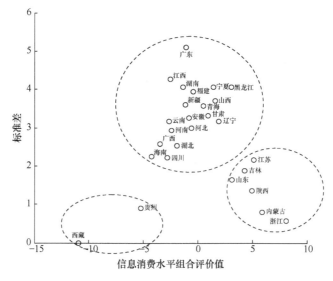

图 3-19　农村居民信息消费水平分类图

3.4　不同区域之间信息消费水平的比较

为了进一步分析居民信息消费水平，按照常规的区域划分方法，将各省区市划分为东、中、西部三个区域[①](其中，农村居民评价时不包含直辖市)，各区域之间的差异结论无法从前文得出。根据得到信息消费水平组合评价值，通过进一步挖掘分析，对区域之间的信息消费水平是否存在显著性差异进行检验。

基于非参数统计中多个独立样本的 K-W 检验[②]，提出检验的原假设：区域之间的信息消费水平不存在显著性差异[155]。给定显著性水平 α =0.05，统计量 K-W 服从自由度为 2 的卡方分布，否定域为 $\Theta = \left\{ \chi^2 \middle| \chi^2 > \chi^2_{0.05}(2) = 5.99 \right\}$。城镇居民的检验结果如表 3-11 所示，K-W 统计量为 8.8758，返回的检验 p 值为 0.0118<0.05，说明在显著性水平 0.05 下拒绝原假设，因此认为区域之间的城镇居民信息消费水平存在显著性差异。

---

① 东部：北京、天津、河北、辽宁、上海、江苏、浙江、福建、山东、广东、海南。中部：山西、吉林、黑龙江、安徽、江西、河南、湖北、湖南。西部：内蒙古、广西、重庆、四川、贵州、云南、西藏、陕西、甘肃、青海、宁夏、新疆。

② K-W 检验的思路为：将来自多个独立总体样本在某一指标上的观测值混合后按升序排列，得到相应的秩，然后对多组独立样本的秩求平均数。如果各组样本的平均秩同混合后的总样本平均秩大致相同，则认为分布不存在显著差异；否则，认为存在显著差异。本节的 K-W 检验采用 Matlab R2009a 中的 kruskalwallis 函数完成。

表 3-11　区域之间城镇居民信息消费水平差异性检验结果

来源	平方和	自由度	均方	K-W 统计量	显著性
组间	733.7311	2	366.8655	8.8758	0.0118
误差	1746.2689	28	62.3667		
总和	2480	30			

进一步，采用多重比较的方法分析哪些区域之间的城镇居民信息消费水平有差异。结果如表 3-12 所示，东部和中、西部的上下限区间不包含 0，说明存在显著差异，而中、西部的上下限区间包含 0，说明不存在显著差异。东、中、西部地区的平均秩分别为：22.4545、11.1250、13.3333，说明东部地区城镇居民信息消费水平最高，西部地区大于中部地区。

表 3-12　区域之间城镇居民信息消费水平多重比较结果

区域		下限	平均秩差	上限
东部	中部	1.4280	11.3295	21.2311
东部	西部	0.2262	9.1212	18.0162
中部	西部	−11.9346	−2.2083	7.5179

农村居民的信息消费水平差异性检验结果如表 3-13 所示，K-W 统计量为 2.1804，返回的检验 p 值为 0.3362>0.05，说明在显著性水平 0.05 下接受原假设，认为东、中、西部农村地区之间的信息消费水平不存在显著性差异。

表 3-13　区域之间农村居民信息消费水平差异性检验结果

来源	平方和	自由度	均方	K-W 统计量	显著性
组间	137.3636	2	68.6818	2.1804	0.3362
误差	1500.6364	24	62.5265		
总和	1638	26			

3.5　小　　结

本章测度了城乡居民的边际消费倾向，结果表明边际消费倾向均呈倒 "U" 形曲线，呈现先增加后减少的趋势。横截面数据和信息消费水平的描述性统计分析结果均表明城乡居民在信息消费支出、信息消费系数、信息消费倾向三个方面具有不同的演变态势,因此不能从单一指标对信息消费的水平进行研究,否则所得结论可能是有偏的。最终采用多指标面板数据对城乡居民的信息消费水平进行了动态组合评价。

在研究方法上,对城乡居民人均信息消费支出与收入变量进行协整检验,结果表明虽然均为同阶单整序列,但支出与收入之间不存在协整关系,不能采用线性回归的方法,而是采用非参数回归方法对边际消费倾向进行测度。同时,采用核密度估计方法绘制了信息消费的密度函数曲线,并从分布的位置和形态变化分析了分布的特征与演进规律。在发展水平的动态组合评价方法上,在第一阶段分析了第一主成分方法的合理性,对各时间截面信息消费水平进行评价;在第二阶段采用具有激励特征的五种主客观评价方法进行信息消费水平的组合赋权。最后采用非参数统计方法对区域之间的信息消费水平进行了比较。

第4章 信息消费的影响因素分析

研究信息消费与其影响因素之间的关系，可以为制定合理有效的消费政策提供理论依据。本章首先分析了城乡居民信息消费的空间相关性和空间集聚特征，其次提出了包含三种内、外部影响的理论模型，最后基于空间面板模型对城乡居民信息消费的影响因素进行了实证研究。

4.1 信息消费的空间相关性分析

4.1.1 城乡居民信息消费的全局空间相关性分析

信息消费空间相关性是指居民信息消费与邻近地区居民信息消费的空间关系。本节先后采用 k-nearest(k=4)空间权重矩阵和各省区市的地理距离空间权重矩阵 $\left(w_{ij} = \begin{cases} \dfrac{1}{d^2}, i \neq j \\ 0, \quad i = j \end{cases} \right)$ 进行模拟实证，结果表明空间相关性随距离的增大而减弱，所以最终采用基于 rook 规则的一阶权值矩阵(选取广东、广西两个省区作为海南的相邻区域)[156,157]。

城乡居民信息消费的 Moran's I 及其显著性计算结果如表 4-1 所示①。可以看出，2002 年以来，城乡居民信息消费的 Moran's I 大部分都很显著，表现出较强的空间相关性。2002～2013 年 Moran's I 变化趋势图，如图 4-1 所示。可以看出：2012 年以前，农村居民信息消费 Moran's I 要大于城镇居民，且整体上呈上升趋势；但是 2013 年农村居民信息消费 Moran's I 降低，并低于城镇居民。

表 4-1　2002～2013 年城乡居民信息消费的 Moran's I 及其显著性计算结果

年份	Moran's I		年份	Moran's I	
	城镇居民	农村居民		城镇居民	农村居民
2002	0.137(0.057)	0.328(0.000)	2004	0.163(0.036)	0.293(0.001)
2003	0.151(0.042)	0.314(0.000)	2005	0.184(0.025)	0.309(0.000)

---

① 全局空间相关性表示整个区域内，各个地域单元与邻近地域单元之间的相似性。Moran's I 即莫兰 I 数，是检验空间相关性和集聚问题的探索性空间分析指标，表示观测值与其空间滞后的相关系数，采用 Stata 13 软件中的 spatwmat 和 spatgsa 命令完成。

续表

年份	Moran's I		年份	Moran's I	
	城镇居民	农村居民		城镇居民	农村居民
2006	0.248(0.005)	0.357(0.000)	2010	0.312(0.001)	0.373(0.000)
2007	0.290(0.002)	0.364(0.000)	2011	0.346 (0.000)	0.384(0.000)
2008	0.325(0.001)	0.391(0.000)	2012	0.336 (0.001)	0.375(0.000)
2009	0.330(0.001)	0.365(0.000)	2013	0.341(0.000)	0.303 (0.001)

注：括号内为检验统计量的 p 值，检验的原假设为"无空间自相关"

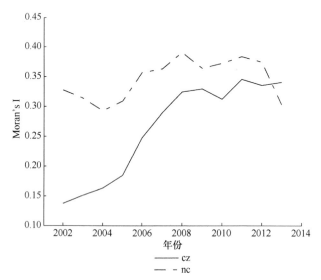

图 4-1　2002～2013 年城乡居民信息消费的 Moran's I 变化趋势图

cz 表示城镇居民，nc 表示农村居民

4.1.2　城镇居民信息消费的局部空间相关性分析

2013 年城镇居民信息消费的 Moran's I 散点图，如图 4-2 所示[①]，其 Moran's I 值为 0.341，表明存在较高的空间自相关性。其中第一象限共有 6 个省市，表现出高信息消费水平高空间滞后特征(HH)，这些省市分别是北京、上海、天津、江苏、福建、浙江。第二象限共有 6 个省区，表现出低信息消费水平高空间滞后特征(LH)，这些省区分别是海南、江西、河北、黑龙江、安徽、广西。第三象限有个 14 省区市，表现出低信息消费水平低空间滞后特征(LL)，这些省区市分别是湖南、山西、

———————

① 局部空间相关性表示局部地区是否存在变量集聚现象，可由局部 Moran's I 检验，从而将相应的局部 Moran's I 绘制成散点图。正值表示一个高值被高值所包围(高–高)，或低值被低值所包围(低–低)；负值表示一个低值被高值所包围(低–高)，或高值被低值所包围(高–低)，采用 Stata 13 软件中的 spatlsa 命令完成。

宁夏、陕西、甘肃、贵州、河南、湖北、重庆、四川、云南、西藏、青海、新疆。第四象限共有 2 个省区，表现出高信息消费水平低空间滞后特征(HL)，这 2 个省区分别是广东、内蒙古。此外还有 3 个省份表现出非典型的空间特征，这 3 个省份分别是吉林、山东、辽宁。

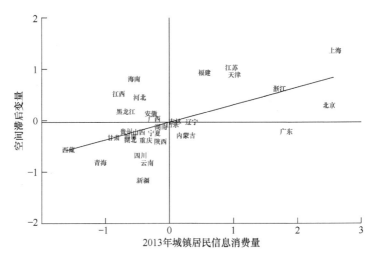

图 4-2　2013 年城镇居民信息消费的 Moran's I 散点图

为了进一步理解城镇居民信息消费的空间相关性，本章绘制了 2002～2013 年信息消费均值的 Moran's I 散点图，如图 4-3 所示，其 Moran's I 为 0.285，表明存在较高的空间自相关性。其中第一象限共有 6 个省市，表现出高信息消费水平高空间滞后特征(HH)，这些省市分别是福建、江苏、天津、上海、浙江、北京。

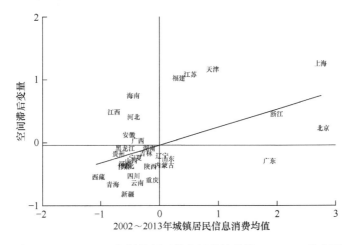

图 4-3　2002～2013 年城镇居民信息消费均值的 Moran's I 散点图

第二象限有 5 个省区,表现出低信息消费水平高空间滞后特征(LH),这些省区分别是海南、江西、河北、安徽、广西。第三象限有 16 个省区市,表现出低信息消费水平低空间滞后特征(LL),这些省区市分别是黑龙江、湖南、吉林、贵州、宁夏、山西、河南、甘肃、湖北、西藏、青海、新疆、四川、云南、重庆、陕西。第四象限有山东、广东,表现出高信息消费水平低空间滞后特征(HL)。此外还有 2 个省区表现出非典型的空间特征,分别是辽宁、内蒙古。

4.1.3　农村居民信息消费的局部空间相关性分析

2002 年农村居民信息消费的 Moran's I 散点图,如图 4-4 所示,其 Moran's I 为 0.328,表明存在较高的空间自相关性。其中第一象限共有 6 个省份,表现出高信息消费水平高空间滞后特征(HH),这些省份分别是江苏、浙江、福建、辽宁、广东、吉林。第二象限共有 4 个省份,表现出低信息消费水平高空间滞后特征(LH),这些省份分别是安徽、海南、贵州、河北。第三象限有 10 个省区,表现出低信息消费水平低空间滞后特征(LL),这些省区分别是西藏、云南、河南、新疆、甘肃、四川、青海、山西、广西、宁夏。第四象限有 1 个自治区内蒙古,表现出高信息消费水平低空间滞后特征(HL)。此外还有 6 个省份表现出非典型的空间特征,分别是江西、黑龙江、湖北、陕西、湖南、山东。

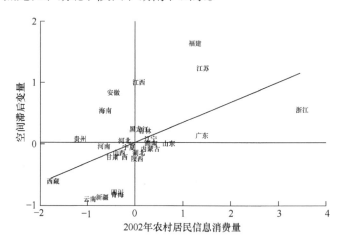

图 4-4　2002 年农村居民信息消费的 Moran's I 散点图

2013 年农村居民信息消费的 Moran's I 散点图,如图 4-5 所示,其 Moran's I 为 0.303,表明存在较高的空间自相关性。其中第一象限共有 8 个省区,表现出高信息消费水平高空间滞后特征(HH),这些省区分别是江苏、浙江、福建、黑龙江、吉林、辽宁、山东、内蒙古。第二象限共有 3 个省份,表现出低信息消费水平高空间滞后特征(LH),这些省份分别是安徽、江西、山西。第三象限有 13 个省区,表现出低信息消费水平低空间滞后特征(LL),这些省区分别是西藏、贵州、海南、甘肃、河南、陕西、广西、湖北、湖南、四川、青海、新疆、云南。第四象限有 1 个省份广东,表现出高信息消费水平低空间滞后特征(HL)。此外还有 2 个省区表现出非典型的空间特征,分别是河北、宁夏。可以看出 2013 年较 2002 年,空间集聚特征有所变动,但总体上相对稳定。

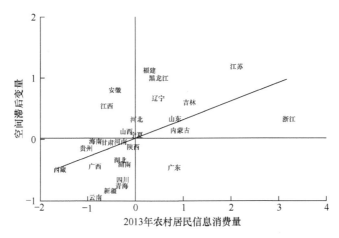

图 4-5   2013 年农村居民信息消费的 Moran's I 散点图

从以上分析可以看出,城乡居民信息消费具有较强的空间集聚特征,所以在分析影响因素时,必须引入空间相关性,考虑城乡居民信息消费的空间溢出效应。

4.2   理 论 模 型

4.2.1   考虑三种内、外部影响的消费效用函数

因为信息消费存在空间相关性,所以必须考虑空间因素,否则估计结果可能是有偏的。实际上正是因为存在空间因素,才可以引入信息消费支出的滞后项及其空间滞后项来反映信息消费的内、外部影响,具体而言,当期信息消费会受到以下三种内、外部影响。第一,前期信息消费产生的内部影响。第二,前期信息消费的空间滞后项表示的外部影响。第三,当期信息消费的空间滞后项表示的外部影响。

将三种内、外部影响纳入消费效用函数中,构建存在三种内、外部影响的消费效用函数模型。习惯形成下的效用函数在时间上是不可分的,即 $U_t = U(C_t - \gamma H_t)$,其中 H_t 表示习惯存量。考虑这三种影响的习惯存量具有如式(4-1)所示的时间演化形式。

$$H_t = (1-\theta_1)H_{t-1} + \theta_2 C_{t-1} + \theta_3 C'_{t-1} + \theta_4 C'_t \tag{4-1}$$

其中，$0 < \theta_1 \leqslant 1$，θ_1 等于 1，表明只有上一期的消费影响当前的消费决策，θ_1 越接近 0，对过去消费所形成的习惯赋予的权重也越大，为了方便，通常假定 θ_1 等于 1，即习惯存量受上一期的消费支出的影响；C_{t-1} 表示上一期消费支出产生的内部影响；C'_{t-1} 表示上一期其他地区消费支出产生的外部影响；C'_t 表示当期其他地区消费支出产生的外部影响。

从而得到考虑三种内、外部影响的效用函数如式(4-2)所示。

$$U_t = U(C_t - \gamma\theta_2 C_{t-1} - \gamma\theta_3 C'_{t-1} - \gamma\theta_4 C'_t) \tag{4-2}$$

其中，如果参数 $\gamma\theta_2$、$\gamma\theta_3$、$\gamma\theta_4$ 大于 0，表现为习惯形成效应；如果参数 $\gamma\theta_2$、$\gamma\theta_3$、$\gamma\theta_4$ 小于 0，则表现为消费的耐用性，消费在不同期表现为替代效应[158]。

4.2.2　考虑三种内、外部影响的理论模型

在 Naik 和 Moore[60]习惯形成模型和杭斌[68]持久收入模型基础上，引入 4.2.1 小节所提出的考虑三种内、外部影响因素的效用函数，可以得到本章所采用的理论模型，如式(4-3)所示①。

$$C_t = \alpha_1 Y_t + \alpha_2 C_{t-1} + \alpha_3 C'_{t-1} + \alpha_4 C'_t \tag{4-3}$$

其中，Y_t 表示收入变量。

4.3　城镇居民的实证研究

在理论模型(4-3)的基础上，引入影响信息消费的控制变量，并对各变量取对数，将各参数重新安排，可以得到所采用的动态空间面板杜宾模型，如式(4-4)所示。

$$\ln CZXXF_{it} = \rho \sum_{j=1}^{31} w_{ij} \ln CZXXF_{it} + \tau \ln CZXXF_{i,t-1} + \eta \sum_{j=1}^{31} w_{ij} \ln CZXXF_{i,t-1} + \chi \ln X_{it}$$
$$+ \beta \sum_{j=1}^{31} w_{ij} \ln X_{it} + u_i + \lambda_t + \xi_{it} \tag{4-4}$$

其中，$\ln CZXXF_{i,t-1}$ 表示前期信息消费对当期消费的内部影响，若影响效应为正则表明存在内部习惯形成，前期信息消费越多，当期消费也越多，效用才能增加，若影响效应为负则表明消费具有耐用性特征，前期信息消费越多，当期消费越少；$\sum_{j=1}^{31} w_{ij} \ln CZXXF_{i,t-1}$ 表示前期信息消费对当期消费的外部影响，若影响效应为正则

---

① Naik 和 Moore 的习惯形成模型仅考虑了前期信息消费产生的内部影响，此处对其进行拓展，考虑了三种内外影响因素。由于财富预期的数据难以获得，借鉴杭斌采用持久收入替代财富预期的方法，从而得到理论模型(4-3)，详细的推导过程略去。

表明存在外部习惯形成，反之表明存在负向的影响；$\sum_{j=1}^{31} w_{ij} \ln CZXXF_{it}$ 表示当期信

息消费对当期消费的外部影响；X_{it} 表示控制变量向量，包括物价水平(CZJG)、受教育水平(CZJY)、信息基础设施(CTGL)、网民人数(WMRS)、城镇居民收入水平(CZSR)；$\sum_{j=1}^{31} w_{ij} \ln X_{it}$ 表示各控制变量产生的空间溢出效应；u_i 表示个体固定效应；λ_t 表示时间固定效应；ξ_{it} 表示随机误差项。

目前较多文献考虑的是消费的三种影响中的一种，其中最多的是第一种，可能是考虑到把这三种影响均纳入模型时带来模型估计的难度，而用动态但非空间的面板模型或空间但非动态的面板模型估计方法只能考虑两种影响，所得到的结论可能是有偏的。根据 Lee[159]、Lee 和 Yu[160,161]、Yu 等[162]、Elhorst 等[163]、Elhorst[164]的研究成果，对于此模型的估计，首先要判断模型是否稳定。如果 $\tau + \rho + \eta < 1$，则模型稳定，可以采用 QML(quasi-maximum likelihood estimation，拟极大似然估计)方法进行估计；如果 $\tau + \rho + \eta = 1$，则模型是空间协整的；如果 $\tau + \rho + \eta > 1$，则模型是空间发散的。后两种情况均为模型不稳定，需要对原始数据进行一阶差分变换后再采取 QML 估计①。

静态条件下个体和时间固定效应检验结果如表 4-2 所示，似然比(likelihood ratio, LR)检验表明静态条件下应采用同时包含个体固定效应、时间效应的双向固定效应模型，但稳健的(robust)LM(拉格朗日乘子，Lagrange multiplier)检验结果表明应采用空间误差模型。

表 4-2　静态条件下个体和时间固定效应检验结果

检验统计量	检验结果
个体固定效应 LR 检验	399.9098(0.000)
时间固定效应 LR 检验	104.9339(0.000)
LMlag	5.1182(0.024)
LMlag_robust	0.0027(0.958)
LMerror	10.9857(0.001)
LMerror_robust	5.8702(0.015)

注：检验统计量的括号内为相应的 p 值

基于以上分析，在静态条件下完成空间面板杜宾模型回归结果如表 4-3 所示。

---

① 本节和 4.3 节及 4.4 节的估计结果采用了 Elhorst 所提供的空间面板计量 Matlab 程序，并在此基础上修改完成。

可以发现双向固定效应的 Wald_spatial 和 LR_spatial 检验均显著，拒绝将空间面板杜宾模型简化为空间滞后、空间误差的原假设，所以应该采用空间面板杜宾模型进行分析。

表 4-3 城镇居民信息消费静态、动态空间面板杜宾模型估计结果

变量名称	个体和时间 固定效应模型	个体和时间 固定效应模型 (偏差修正)	个体和时间 随机效应模型	动态空间面板 杜宾模型
L. lnCZXXF				0.4712 (10.4168)***
$W{\times}$L.lnCZXXF				0.1887 (2.3141)**
lnCZJG	1.0643 (4.4578)***	1.0848 (4.2981)***	1.0965 (4.5556)***	0.7646 (3.4579)***
lnCZJY	−0.1046 (−1.5962)	−0.1077 (−1.5542)	−0.0398 (−0.6349)	−0.0396 (−0.8667)
lnCTGL	−0.0663 (−3.9969)***	−0.0659 (−3.7555)***	−0.0522 (−3.6276)***	−0.0613 (−4.1539)***
lnWMRS	0.0038 (0.2124)	0.0038 (0.2022)	0.0319 (2.2737)**	0.0402 (2.0903)**
lnCZSR	1.6516 (20.2361)***	1.6531 (19.1488)***	1.4574 (22.7761)***	1.1439 (13.5611)***
$W{\times}$lnCZJG	−1.5298 (−3.6136)***	−1.5614 (−3.4889)***	−1.7939 (−4.2502)***	−0.2362 (−0.9285)
$W{\times}$lnCZJY	0.2964 (2.1015)**	0.2988 (2.0029)**	0.1601 (1.1936)	0.1625 (1.2939)
$W{\times}$lnCTGL	−0.0097 (−0.2577)	−0.0043 (−0.1070)	0.0186 (0.5578)	0.0601 (1.5057)
$W{\times}$lnWMRS	0.0254 (0.7066)	0.0246 (0.6471)	−0.0728 (−2.8898)***	0.0263 (0.6973)
$W{\times}$lnCZSR	−0.3943 (−2.3268)**	−0.5033 (−2.9218)**	−0.5752 (−4.1326)***	−0.6938 (−3.5374)***
$W{\times}$lnCZXXF	0.2100 (3.1297)***	0.2757 (4.2727)***	0.2560 (3.9668)***	0.1047 (1.1838)
R^2	0.9830	0.9831	0.9689	0.9878
log$L$	572.0496	572.0496	−8441.0843	591.1580
Wald_spatial_lag	22.5950 (0.0004)	23.6893 (0.0003)		
LR_spatial_lag	22.0533 (0.0005)	22.0533 (0.0005)		
Wald_spatial_error	15.9661 (0.0069)	13.4830 (0.0192)		
LR_spatial_error	15.4240 (0.0087)	15.4240 (0.0087)		

续表

变量名称	个体和时间 固定效应模型	个体和时间 固定效应模型 (偏差修正)	个体和时间 随机效应模型	动态空间面板 杜宾模型
$\tau + \rho + \eta$				0.7646
Wald_test $\tau + \rho + \eta = 1$				7.2460 (0.0071)
时间效应检验				3.3850 (0.0003)

注：系数估计值括号内为 t 统计量；检验统计量的括号内为相应的 p 值

、*分别表示在 5%、1%的显著性水平上显著

静态空间面板杜宾模型缺乏对消费惯性的描述，所以引入动态空间面板杜宾模型来增加模型的解释能力，通过表 4-3 的 R^2 和 log$L$ 计算结果可以看出，动态空间面板杜宾模型的数值最大。但是需要验证 L.lnCZXXF 和 $W \times$L.lnCZXXF 系数的联合检验是否显著，原假设 H_0 是不需要加入前期消费因素，通过遗漏变量的 LR 检验来完成。LR 统计量的计算公式，如式(4-5)所示。

$$LR = -2\left(L^r - L^u\right) \tag{4-5}$$

其中，L^r 和 L^u 分别表示有约束和无约束条件下得到的对数极大似然函数值。在原假设 H_0 下，LR 统计量渐近地服从 χ^2 分布，自由度等于加入变量数。如果加入变量后模型的对数极大似然函数值改进超过临界值，则认为这个变量应加入模型中。通过计算得到 LR 统计量为 38.2168，服从自由度为 2 的 χ^2 分布，p 值为 0.0000，说明拒绝原假设，应引入前期消费因素，考虑消费的三种影响，采用动态空间面板杜宾模型。

通过计算 $\tau + \rho + \eta$，得出其值为 0.7646，并对原假设 $\tau + \rho + \eta = 1$ 进行双边 Wald 检验，检验值为 7.2460，拒绝原假设，说明动态空间面板杜宾模型满足平稳性条件。

通过对时间效应进行 F 检验，得出检验值为 3.3850，自由度为(10，287)，从而说明应采用包含时间固定效应的双向固定效应模型。

通过表 4-3 的回归结果可以发现：动态条件下 $W \times$lnCZXXF 项并不显著，说明当期信息消费支出对相邻地区没有产生空间溢出效应，影响不显著。而静态空间面板杜宾模型的估计结果显示，当期信息消费支出对相邻地区有显著的空间溢出效应，所以其无法区分出当期和前期影响，将会因遗漏变量而造成估计结果的偏误。

信息消费惯性影响的直接、间接效应分析结果如表 4-4 所示。

表 4-4　城镇居民信息消费的惯性影响效应测度

变量名称	直接效应	间接效应	总效应
L. lnCZXXF	−0.5237(−13.3628)***	0.2612(3.0806)***	−0.2625(−2.8708)***

注：系数估计值括号内为 t 统计量

***表示在 1%的显著性水平上显著

第一，前期信息消费对当期信息消费的内部影响效应为负，表明信息消费具有耐用性特征，前期信息消费越多，当期信息消费越少。这主要是由于信息类产品具有耐用性特征，如当年购买一台电脑、一部手机，下年就会减少这方面相应的支出；信息服务内容具有非消耗性与共享性，信息能够被无限多次地使用和消耗，同一信息可以同时被多人拥有和使用，消费者可能通过"搭便车"来获取信息，从而造成前期信息消费的负向影响。

第二，前期信息消费对相邻地区产生了正向的空间溢出效应，一个地区居民信息消费会受到相邻地区居民信息消费习惯的影响。这一点，通过静态空间面板杜宾模型无法发现，所得结论中无法区分相邻地区居民信息消费习惯与当期信息消费支出的空间溢出效应。

动态空间面板杜宾模型可以将解释变量的效应分解为长期效应和短期效应，无论是短期还是长期效应都可被分解为直接效应和间接效应[98,105]。在表 4-3 参数估计结果的基础上，得到各变量对信息消费的直接效应和间接效应的长期、短期估计结果，如表 4-5 所示。

表 4-5　城镇居民信息消费的短期、长期效应测度

变量名称	短期效应			长期效应		
	直接效应	间接效应	总效应	直接效应	间接效应	总效应
lnCZJG	0.7543(3.1676)***	0.0276(0.3319)	0.7818(2.8301)***	1.5833(1.9698)**	2.2604(0.1583)	3.8438(0.2592)
lnCZJY	−0.0405(−0.6691)	0.0389(1.7555)*	−0.0015(−0.0220)	−0.0738(−0.5347)	0.0088(0.0063)	−0.0650(−0.0441)
lnCTGL	−0.0322(−1.1729)	1.2592(8.4663)***	1.2270(7.3295)***	0.3030(0.3792)	5.5197(0.2847)	5.8227(0.2901)
lnWMRS	0.0331(1.4241)	−0.2685(−0.5321)	−0.2353(−0.4567)	0.0058(0.0111)	−1.0672(−0.1008)	−1.0614(−0.0965)
lnCZSR	1.1548(12.1742)***	0.3256(1.6222)	1.4804(5.9462)***	2.5013(2.5622)**	4.4877(0.2062)	6.9890(0.3103)

注：系数估计值括号内为 t 统计量；检验统计量的括号内为相应的 p 值；因数据四舍五入，总效应数据可能存在偏差

*、**、***分别表示在 10%、5%、1%的显著性水平上显著

根据表 4-5 的估计结果，可以得出如下结论。

第一，短期效应中，物价水平和城镇居民收入水平的提升会引起本地居民信息消费支出的增加，效应值分别为 0.7543 和 1.1548，而其余变量的本地直接效应不显著。

第二，短期效应中，受教育水平和信息基础设施状况的提升对相邻地区产生了显著的正向空间溢出效应，效应值分别为 0.0389 和 1.2592。说明受教育人口的流动会引起相邻地区信息消费支出的增加。另外，本地信息基础设施状况的提升对其相邻地区产生了正向的溢出效应，而对本地区居民来说虽然估计值为负，但并不显著，说明信息基础设施改进后可能引发信息消费价格下降，但本地居民信息消费支出并不受影响。

第三，长期效应中，只有物价水平和收入水平对本地居民信息消费支出有显著的正向作用，但所有变量的空间溢出效应并不显著。

4.4　农村居民的实证研究

城乡居民在收入水平、信息基础设施、消费观念等方面存在较大差距，为了提升农村居民信息消费水平，有必要对农村居民信息消费行为的影响因素进行研究。在理论模型(4-3)的基础上，考虑空间相关性建立最一般的动态空间面板模型，如果此模型能通过检验，说明存在习惯形成因素的影响，否则应建立相应的静态空间面板模型。

首先引入上述影响信息消费的控制变量，并对各变量取对数，将各参数重新安排，可以得到本章所采用的动态空间面板模型，如式(4-6)所示。

$$
\ln\mathrm{NCXXF}_{it} = \rho\sum_{j=1}^{27} w_{ij}\ln\mathrm{NCXXF}_{it} + \tau\ln\mathrm{NCXXF}_{i,t-1} + \eta\sum_{j=1}^{27} w_{ij}\ln\mathrm{NCXXF}_{i,t-1}
$$
$$
+ \chi\ln X_{it} + u_i + \lambda_t + \xi_{it}
$$
(4-6)

其中，$\ln\mathrm{NCXXF}_{i,t-1}$ 项表示前期信息消费对当期消费的内部影响，若影响效应为正则表明存在内部习惯形成，前期信息消费越多，当期消费也越多，效用才能增加，若影响效应为负则表明消费具有耐用性特征，前期信息消费越多，当期消费越少，若不显著，则不存在内部习惯；$\sum_{j=1}^{27} w_{ij}\ln\mathrm{NCXXF}_{i,t-1}$ 项表示前期信息消费对当期消费的外部影响，若影响效应为正则表明存在外部习惯形成，反之表明存在负向的影响，若不显著，则不存在外部习惯；$\sum_{j=1}^{27} w_{ij}\ln\mathrm{NCXXF}_{it}$ 表示当期信息消费对当期消费的外部影响；X_{it} 表示控制变量向量，包括农村居民收入水平(NCSR)、物价水平(NCJG)、受教育水平(NCJY)、信息基础设施(NCYD)、城镇居民信息消费习惯(L.CZXXF)；u_i 表示个体固定效应；λ_t 表示时间固定效应；ξ_{it} 表示随机误差项。

动态空间面板模型的估计结果如表 4-6 所示。通过对时间效应进行 F 检验，得出检验值为 2.8646，自由度为(9，226)，从而说明应采用包含时间固定效应的双向固定效应模型。

表 4-6　农村居民信息消费动态空间面板模型估计结果

变量名称	时间效应	空间一阶差分	空间协整			
			系数	直接效应	间接效应	总效应
L. lnNCXXF	0.6107 (9.1798)***	0.6109 (9.1811)***	0.6185 (12.1363)***	−0.7544 (−8.0800)	0.7544 (8.0800)	0.0000
$W \times$ L.lnNCXXF	0.1805 (1.9777)**	0.1832 (1.9728)**	0.2188 (2.2052)**			
lnNCSR	0.1478 (1.9086)*	0.1484 (1.9117)*	0.1266 (0.9797)	0.1237 (0.9462)	0.0277 (0.7186)	0.1515 (0.9350)
lnNCJG	−0.1437 (−0.6993)	−0.1424 (−0.6949)	−0.1731 (−0.6984)	−0.1768 (−0.6782)	−0.0341 (−0.5075)	−0.2109 (−0.6674)
lnNCJY	0.3892 (1.8561)*	0.3892 (1.8570)*	0.4090 (2.3808)**	0.4170 (2.4520)**	0.0834 (1.1756)	0.5004 (2.3306)**
lnNCYD	0.0425 (2.6078)***	0.0426 (2.6103)***	0.0402 (1.9281)*	0.0424 (1.0717)	0.0101 (0.7527)	0.0525 (1.0396)
L. lnCZXXF	0.0606 (0.9871)	0.0606 (0.9877)	0.0609 (1.2690)	0.0638 (1.1109)	0.0141 (0.7464)	0.0779 (1.0738)
$W \times$ lnNCXXF	0.1432 (1.5094)	0.1382 (1.3859)	0.1626 (1.7250)*			
R^2	0.9849	0.9785	0.4732			
$\log L$	322.8424	311.9980	358.9845			
$\tau + \rho + \eta$	0.9344	0.9323	1			
Wald_test $\tau + \rho + \eta$ =1	0.5488 (0.4588)	0.5786 (0.4469)				
$\dfrac{\tau + \omega_{\max-1}}{(\rho + \eta)}$		0.8935				
时间效应检验	2.8646 (0.0032)					

注：系数估计值括号内为 t 统计量；检验统计量的括号内为相应的 p 值；因数据四舍五入，总效应数据可能存在偏差

*、**、***分别表示在 10%、5%、1%的显著性水平上显著

通过计算 $\tau+\rho+\eta$，得出其值为 0.9344，并对原假设 $\tau+\rho+\eta=1$ 进行双边 Wald 检验，检验值为 0.5488，接受原假设，说明此动态空间面板模型不满足平稳性条件。进而采用空间一阶差分运算，得出结果如表 4-6 第 3 列所示，虽然 $\tau+\rho+\eta$ 小于 1，并且 $\tau+\omega_{\max-1}(\rho+\eta)=0.8935$，但是通过双边 Wald 检验，检验值为 0.5786，$\tau+\rho+\eta=1$ 的原假设不能被拒绝，说明应采用空间协整模型。施加限制后的估计结果及相应的效应值如表 4-6 第 4~7 列所示，当期信息消费的空间滞后值 $W\times\text{lnNCXXF}$ 有显著的影响，而前期信息消费对当期消费的影响效应值为 0，说明农村居民在信息消费支出方面尚没有形成消费习惯，农村居民的信息消费支出只会受到当期信息消费的空间滞后项表示的外部影响。这表明动态空间面板模型不适用于农村居民。基于此，采用静态空间面板模型构建反映当期信息消费外部影响的模型，如式(4-7)所示。

$$\text{lnNCXXF}_{it}=\rho\sum_{j=1}^{27}w_{ij}\text{lnNCXXF}_{it}+\chi\ln X_{it}+u_i+\lambda_t+\xi_{it} \tag{4-7}$$

其中，各符号含义同式(4-6)。

首先，对不包含空间效应的面板模型进行估计，计算 LM 统计量检验结果、个体固定效应和时间固定效应的 LR 检验结果如表 4-7 所示。个体和时间固定效应的 LR 检验在 1%显著性水平上均显著，表明模型中应同时包含个体和时间双固定效应，另外，表 4-7 中个体和时间固定效应模型的 LM 检验结果显示，空间滞后模型和空间误差模型应同时成立，需进一步通过 Wald 检验来确定是否采用 SDM。相应的检验结果如表 4-8 所示，从 Wald_spatial 和 LR_spatial 的检验结果可以看出，结果不显著，应接受采用空间滞后面板模型的原假设。农村居民信息消费空间滞后面板模型估计结果及效应测度如表 4-9 所示。

表 4-7 非空间面板模型下的检验结果

检验统计量	混合模型	个体固定效应模型	时间固定效应模型	个体和时间固定效应模型
LMlag	2.8469(0.092)	52.5460(0.000)	7.5485(0.006)	21.5321(0.000)
LMlag_robust	12.4015(0.000)	29.7050(0.000)	2.8557(0.091)	17.0091(0.000)
LMerror	67.5117(0.000)	25.5410(0.000)	60.8370(0.000)	11.7195(0.001)
LMerror_robust	77.0663(0.000)	2.6999(0.100)	56.1442(0.000)	7.1965(0.007)
个体固定效应 LR 检验	486.1550(0.0000)			
时间固定效应 LR 检验	38.6735(0.0001)			

注：检验统计量的括号内为相应的 p 值

表 4-8　Wald/LR 检验结果

检验统计量	个体和时间 固定效应模型	个体和时间固定效应模型 (偏差修正)	个体和时间 随机效应模型
Wald_spatial_lag	8.7910(0.1177)	6.1980(0.2874)	4.5507(0.4731)
LR_spatial_lag	8.2251(0.1443)	8.2251(0.1443)	
Wald_spatial_error	16.4426(0.0057)	13.6273(0.0182)	9.9493(0.0767)
LR_spatial_error	16.0191(0.0068)	16.0191(0.0068)	

注：检验统计量的括号内为相应的 p 值

表 4-9　农村居民信息消费空间滞后面板模型估计结果及效应测度

变量名称	系数	直接效应	间接效应	总效应
lnNCSR	0.8010 (5.5703)***	0.8420 (5.7542)***	0.5504 (3.2275)***	1.3924 (4.9148)***
lnNCJG	−0.0753 (−0.2608)	−0.0807 (−0.2676)	−0.0547 (−0.2680)	−0.1354 (−0.2699)
lnNCJY	−0.1243 (−0.6100)	−0.1263 (−0.5771)	−0.0810 (−0.5394)	−0.2073 (−0.5672)
lnNCYD	0.0642 (3.3041)***	0.0683 (3.3753)***	0.0444 (2.6127)**	0.1128 (3.2434)***
L.lnCZXXF	−0.0223 (−0.3839)	−0.0203 (−0.3311)	−0.0132 (−0.3237)	−0.0335 (−0.3305)
$W×$lnNCXXF	0.4113 (6.4910)***			
R^2	0.9793			
log$L$	352.2148			

注：系数估计值括号内为 t 统计量；因数据四舍五入，总效应数据可能存在偏差

、*分别表示在 5%、1%的显著性水平上显著

　　从表 4-9 的估计结果可以看出，此模型的 R^2 和 log$L$ 均大于动态面板，具体分析如下。

　　第一，由于空间滞后被解释变量 $W×$lnNCXXF 的系数为 0.4113，且通过了 1%的显著性水平检验，说明农村居民存在显著的空间溢出效应，这表明农村居民在信息消费支出上有更强的"邻居效应"，农村居民更容易受到邻居或者亲友消费习惯影响而表现出从众性消费行为特征。

　　第二，农村居民收入直接效应为 0.8420，间接效应为 0.5504，且通过了 1%的显著性水平检验，说明收入的提升不但会促进本地，还会促进相邻地区农村居民增加信息消费支出。

　　第三，以手机为代表的信息基础设施的直接效应为 0.0683，间接效应为 0.0444，且分别通过了 1%和 5%的显著性水平检验，说明信息基础设施状况的改进会促进

本地和相邻地区农村居民增加信息消费支出,但由于弹性较小,促进作用有限。这说明信息基础设施在农村地区非常薄弱,相关农村、农业信息网络不健全,城乡信息基础设施存在较大差距。

第四,物价水平、受教育水平、城镇居民信息消费习惯对农村居民的信息消费支出没有产生显著性影响。农村居民的信息消费占其总支出的比例不高,物价水平的上涨不会对其信息消费产生显著影响。而农村居民受教育水平相对较低,信息消费内容层次不高,所以对信息消费支出没有产生显著影响。另外,虽然每年有大量农民工长期奔走于城市和农村之间,理论上城镇居民的消费行为将会影响农村居民,但从估计结果来看,城镇居民信息消费习惯对农村居民的信息消费支出方面没有产生显著性影响。原因是城乡收入差距、信息基础设施差距、城乡消费观念差距等因素的影响,使城镇居民的信息消费习惯对农村居民的信息消费行为影响不大。

4.5 小　结

首先对城乡居民信息消费的空间相关性进行检验,分析了存在的空间集聚特征,结果表明城乡居民信息消费的 Moran's I 都很显著,表现出较强的空间相关性。城镇居民的估计结果表明信息消费产生耐用性特征,并会受到相邻地区居民信息消费习惯的影响。农村居民的估计结果表明没有形成信息消费习惯,但当期信息消费的空间滞后项显著,说明农村居民信息消费支出存在"邻居效应"。此外,收入水平仍是提升城乡居民信息消费的关键因素,但信息基础设施、受教育水平等影响因素的作用并不大,消费环境和居民消费观念还有待提升。在研究方法上,按照"从一般到特殊"的建模原则,通过引入信息消费的滞后项及其空间滞后项,构建了考虑三种内、外影响的理论模型,包括前期信息消费产生的内部影响、前期信息消费的空间滞后项表示的外部影响、当期信息消费的空间滞后项表示的外部影响。从而提出应根据检验结果采用动态非空间面板模型、空间非动态面板模型或是更为一般的空间动态面板模型进行研究的建模思路。

由于城乡居民的信息消费具有空间集聚特征,管理部门应根据不同类型的区域(如低水平聚集区、高水平聚集区及高、低水平混合聚集区),采用不同的信息消费鼓励政策,提升高信息消费地区对低信息消费地区的外部影响。此外,应当打通城镇对农村居民信息消费外部示范渠道,推进新型信息产品和服务向农村的推广及普及,提升居民的受教育水平,改进信息消费观念,培育内部消费习惯,引导居民合理消费。在提升城乡居民收入水平的同时,统筹推进城乡信息基础设施建设,营造良好的信息消费环境,实现城乡互补融合、协同发展。

第 5 章　信息消费的差异性分析

研究信息消费的差异性，不但要进行理论和描述性统计的分析，而且需要采用探索性统计分析的方法测度差异的大小和等级。本章采用 K-W 检验验证信息消费的地区差异性，基于 Dagum 基尼系数对差异程度进行测度，并分别用混合面板模型、非空间面板模型和空间面板杜宾模型对其收敛性进行检验。进一步，基于多指标 Dagum 基尼系数测度城乡差异性，采用灰色聚类方法与第一主成分方法、时间赋权评价模型对差异等级进行综合评价。

5.1　信息消费支出的地区差异性分析

5.1.1　研究思路

首先对信息消费支出的地区差异性进行分析，在此基础上进行绝对 σ 收敛检验和绝对 β 收敛检验与条件 β 收敛检验，主要采用 K-W 检验、Dagum 基尼系数、混合面板模型、空间面板杜宾模型等进行研究，具体研究思路如图 5-1 所示。

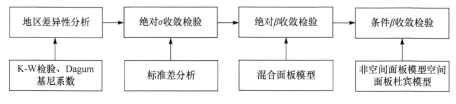

图 5-1　研究思路

5.1.2　城镇居民信息消费支出的地区差异性检验

基于 K-W 检验，对 2002 年和 2013 年区域之间信息消费支出的差异性进行假设检验，提出检验的原假设：区域之间的城镇居民信息消费支出不存在显著性差异[155]。

2002 年的差异性检验结果如表 5-1 所示，K-W 统计量为 10.7610，返回的检验 p 值为 0.0046<0.01，即在显著性水平 0.01 下拒绝原假设，说明 2002 年区域之间的城镇居民信息消费支出存在显著性差异。

表 5-1　2002 年区域之间城镇居民信息消费支出差异性检验结果

来源	平方和	自由度	均方	K-W 统计量	显著性
组间	889.5720	2	444.7860	10.7610	0.0046
误差	1590.4280	28	56.8010		
总和	2480	30			

进一步,采用多重比较的方法分析 2002 年哪些区域之间的信息消费支出有差异[155]。结果如表 5-2 所示,东部和中部的上下限区间不包含 0,说明存在显著差异,而东、西部及中、西部地区之间不存在显著差异。东、中、西部地区的平均秩分别为 22.1818、8.3750、15.4167,说明东部地区城镇居民信息消费支出最高,而西部地区大于中部地区。

表 5-2　2002 年区域之间城镇居民信息消费支出多重比较结果

区域		下限	平均秩差	上限
东部	中部	3.9053	13.8068	23.7084
东部	西部	−2.1298	6.7652	15.6601
中部	西部	−16.7679	−7.0417	2.6846

注:平均秩差由原始数据计算并四舍五入而得,因此可能存在偏差

2013 年的差异性检验结果如表 5-3 所示,K-W 统计量为 12.3254,返回的检验 p 值为 0.0021<0.01,即在显著性水平 0.01 下拒绝原假设,说明 2013 年区域之间的城镇居民信息消费支出存在显著性差异。

表 5-3　2013 年区域之间城镇居民信息消费支出差异性检验结果

来源	平方和	自由度	均方	K-W 统计量	显著性
组间	1018.9015	2	509.4508	12.3254	0.0021
误差	1461.0985	28	52.1821		
总和	2480	30			

2013 年多重比较的结果如表 5-4 所示,东、中部和东、西部的上下限区间不包含 0,说明存在显著差异,而中、西部地区之间不存在显著差异。东、中、西部地区的平均秩分别为 23.7273、11.5000、11.9167,说明东部地区信息消费支出最高,而西部地区大于中部地区。

表 5-4　2013 年区域之间城镇居民信息消费支出多重比较结果

区域		下限	平均秩差	上限
东部	中部	2.3257	12.2273	22.1288
东部	西部	2.9156	11.8106	20.7056
中部	西部	−10.1429	−0.4167	9.3096

5.1.3　城镇居民信息消费支出的地区差异性测度

在差异性测度的方法上，Dagum 提出了按子群分解的方法，将总体基尼系数分解为区域内差异贡献、区域间差异贡献和超变密度贡献三部分[165]。此方法解决了样本数据间交叉重叠的问题及地区差异来源问题，克服了传统基尼系数和泰尔指数的局限性。本小节基于 Dagum 基尼系数及其分解方法，得到了城镇居民信息消费支出的总体基尼系数及按东、中、西部分解的结果，如表 5-5 所示①。

表 5-5　城镇居民信息消费支出基尼系数及其分解结果

年份	总体	区域内			区域间			差异来源		
		东部	中部	西部	东–西	东–中	中–西	区域内	区域间	超变密度
2002	0.1520	0.1841	0.0677	0.0567	0.1823	0.2306	0.0846	0.0403	0.1015	0.0102
2003	0.1604	0.1885	0.0704	0.0593	0.1988	0.2428	0.0803	0.0419	0.1088	0.0097
2004	0.1755	0.2064	0.0757	0.0636	0.2256	0.2557	0.0809	0.0460	0.1137	0.0157
2005	0.1836	0.2085	0.0673	0.0595	0.2405	0.2763	0.0773	0.0459	0.1247	0.0129
2006	0.1954	0.1952	0.0613	0.0987	0.2680	0.2711	0.0831	0.0487	0.1314	0.0152
2007	0.1916	0.1861	0.0524	0.0803	0.2775	0.2678	0.0699	0.0446	0.1359	0.0111
2008	0.1913	0.1780	0.0398	0.0979	0.2729	0.2682	0.0769	0.0446	0.1326	0.0142
2009	0.1918	0.1778	0.0376	0.1014	0.2722	0.2700	0.0781	0.0448	0.1327	0.0144
2010	0.1900	0.1781	0.0452	0.1024	0.2697	0.2623	0.0795	0.0452	0.1289	0.0159
2011	0.1842	0.1698	0.0356	0.1090	0.2646	0.2475	0.0812	0.0438	0.1252	0.0152
2012	0.1802	0.1625	0.0574	0.1040	0.2551	0.2433	0.0853	0.0431	0.1196	0.0176
2013	0.1699	0.1515	0.0618	0.1001	0.2409	0.2248	0.0861	0.04075	0.1127	0.0165

基于表 5-5 的计算结果，绘制了城镇居民信息消费支出总体及区域内部基尼系数演变趋势图，如图 5-2 所示。从中可以看出，区域之间城镇居民在信息消费支出上存在一定差异，总体基尼系数介于 0.1520 与 0.1954，呈现先增大后减小的变化趋势。2002～2006 年，总体基尼系数逐渐增大，说明差异呈扩大趋势；2007～

---

① Dagum 基尼系数及其分解结果，采用 Matlab R2009a 自编程序完成。

2013 年差异呈减小趋势。而在区域内部，东部地区差异最大，并呈现先增大后减小的趋势，从 2005 年的 0.2085 下降到 2013 年的 0.1515；中部地区在 2011 年达到最小值 0.0356，差异转而呈增大趋势；西部地区的差异从 2006 年开始超过中部地区，整体呈扩大趋势。图 5-3 描述了城镇居民信息消费支出区域间基尼系数演变趋势。

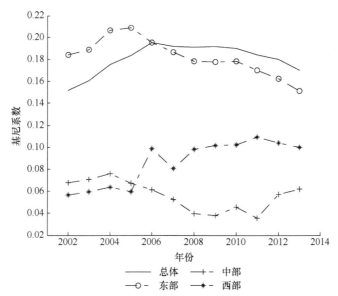

图 5-2　城镇居民信息消费支出总体及区域内部基尼系数演变趋势图

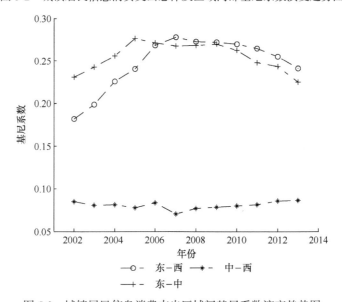

图 5-3　城镇居民信息消费支出区域间基尼系数演变趋势图

从图 5-3 中可以看出，东–西、东–中部的差距要远大于中–西部，但是东–西、东–中部的差距分别从 2007 年和 2005 年开始减小。而中–西部的差距不大，且较为平稳。

城镇居民信息消费支出差异贡献率演变趋势如图 5-4 所示。从中可以看出，城镇居民的信息消费支出差异主要由区域间引起，其贡献率始终大于 60%；其次是区域内差异的贡献率，超变密度贡献率最小。

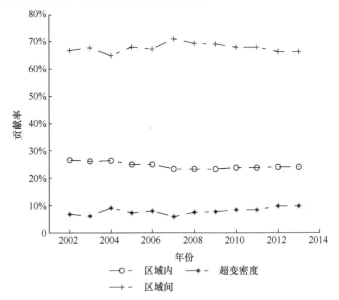

图 5-4　城镇居民信息消费支出差异贡献率演变趋势图

5.1.4　农村居民信息消费支出的地区差异性检验

2002 年区域之间农村居民信息消费支出差异性检验结果如表 5-6 所示，K-W 统计量为 10.2935，返回的检验 p 值为 0.0058 <0.01，即在显著性水平 0.01 下拒绝原假设，说明区域之间的农村居民信息消费支出存在显著差异。

表 5-6　2002 年区域之间农村居民信息消费支出差异性检验结果

来源	平方和	自由度	均方	K-W 统计量	显著性
组间	648.4886	2	324.2443	10.2935	0.0058
误差	989.5114	24	41.2296		
总和	1638	26			

2002 年农村居民多重比较的结果如表 5-7 所示，东、西部的上下限区间不包含 0，说明存在显著差异，而东、中部和中、西部地区之间不存在显著差异。东、

中、西部地区的平均秩分别为：20.6250、14.5000、8.8182，说明 2002 年东部地区信息消费支出最高，中部地区大于西部地区。

表 5-7　2002 年区域之间农村居民信息消费支出多重比较结果

区域		下限	平均秩差	上限
东部	中部	−3.1763	6.1250	15.4263
东部	西部	3.1630	11.8068	20.4507
中部	西部	−2.9620	5.6818	14.3257

2013 年的检验结果如表 5-8 所示，K-W 统计量为 7.6328，返回的 p 值为 0.0220<0.05，即在显著性水平 0.05 下拒绝原假设，说明区域之间的信息消费支出存在显著差异。

表 5-8　2013 年区域之间农村居民信息消费支出差异性检验结果

来源	平方和	自由度	均方	K-W 统计量	显著性
组间	480.8636	2	240.4318	7.6328	0.0220
误差	1157.1363	24	48.2140		
总和	1637.9999	26			

2013 年农村居民多重比较的结果如表 5-9 所示，东部和西部的上下限区间不包含 0，说明存在显著差异，而东、中部及中、西部地区之间不存在显著差异。东、中、西部地区的平均秩分别为：20.0000、13.7500、9.8182，说明 2013 年东部地区信息消费支出最高，中部地区大于西部地区。

表 5-9　2013 年区域之间农村居民信息消费支出多重比较结果

区域		下限	平均秩差	上限
东部	中部	−3.0513	6.2500	15.5513
东部	西部	1.5380	10.1818	18.8257
中部	西部	−4.7120	3.9318	12.5757

5.1.5　农村居民信息消费支出的地区差异性测度

农村居民信息消费支出的总体基尼系数及按照东、中、西部分解的结果如表 5-10 所示。基于表 5-10 的计算结果，绘制农村居民总体及区域内部基尼系数演变趋势图，如图 5-5 所示。从中可以看出，总体基尼系数介于 0.1957 和 0.2243，虽然有波动但总体呈下降趋势。而在区域内部，东部地区差异最大，但 2011 年后呈下降趋势，从 2011 年的 0.2162 下降到 2013 年的 0.1865；中部地区差异在三大区域中最小，但从 2011 年开始差异呈增大趋势；西部地区的差异总体呈下降态势，但从 2012 年开始增大。

表 5-10　农村居民信息消费支出基尼系数及其分解结果

年份	总体	区域内			区域间			差异来源		
		东部	中部	西部	东–西	东–中	中–西	区域内	区域间	超变密度
2002	0.2243	0.2034	0.0860	0.1847	0.3324	0.2393	0.1631	0.0551	0.1476	0.0216
2003	0.2199	0.2101	0.0755	0.1853	0.3261	0.2342	0.1541	0.0553	0.1461	0.0186
2004	0.2105	0.2113	0.0763	0.1764	0.3036	0.2282	0.1500	0.0545	0.1300	0.0260
2005	0.2148	0.1972	0.0913	0.1638	0.3208	0.2277	0.1600	0.0521	0.1425	0.0202
2006	0.2062	0.1852	0.0676	0.1686	0.3118	0.2008	0.1733	0.0490	0.1388	0.0184
2007	0.2065	0.2052	0.0694	0.1682	0.3061	0.2051	0.1660	0.0516	0.1321	0.0228
2008	0.2164	0.1993	0.0948	0.1792	0.3171	0.2111	0.1799	0.0543	0.1405	0.0216
2009	0.2159	0.2038	0.1055	0.1733	0.3103	0.2207	0.1710	0.0553	0.1372	0.0234
2010	0.2164	0.2064	0.0898	0.1675	0.3161	0.2295	0.1647	0.0537	0.1382	0.0246
2011	0.2107	0.2162	0.0874	0.1627	0.3062	0.2236	0.1559	0.0540	0.1285	0.0282
2012	0.1987	0.2061	0.0933	0.1549	0.2860	0.2078	0.1515	0.0520	0.1164	0.0303
2013	0.1957	0.1865	0.1065	0.1624	0.2711	0.2100	0.1529	0.0521	0.1116	0.0320

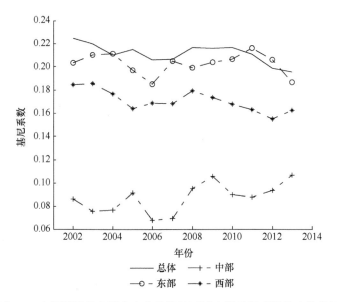

图 5-5　农村居民信息消费支出总体及区域内部基尼系数演变趋势图

　　图 5-6 描述了农村居民信息消费支出区域间基尼系数演变趋势。从中可以看出，东-西部差距要大于东-中部、中-西部，与 2002 年、2013 年的差异检验结果一致，区域间差距的基尼系数在样本期内有一定的波动，但总体均呈下降趋势。

　　农村居民信息消费支出地区差异贡献率演变趋势如图 5-7 所示。从中可以看

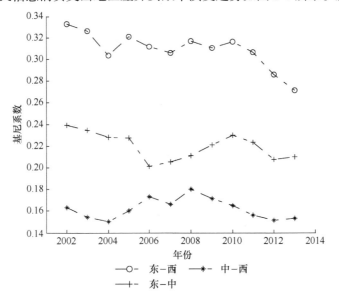

图 5-6　农村居民信息消费支出区域间基尼系数演变趋势图

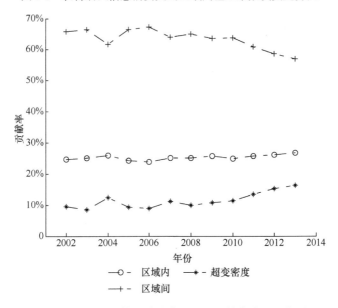

图 5-7　农村居民信息消费支出差异贡献率演变趋势图

出，农村居民的信息消费支出差异主要由区域间引起，其贡献率始终大于 55%；其次是区域内差异，超变密度贡献率最小。

由以上分析可以看出，城乡居民信息消费支出存在较显著的地区差异性，虽有波动但差异总体呈下降趋势，那么能否说明城乡居民信息消费支出存在收敛性呢？如果满足收敛条件，促进收敛的原因是什么呢？5.2 节和 5.3 节从绝对收敛和条件收敛两个方面进行检验。

5.2　城镇居民信息消费支出的收敛性分析

5.2.1　绝对 σ 收敛

用 σ_t 表示年份为 t 时城镇居民信息消费支出的对数的标准差，如式(5-1)所示。

$$\sigma_t = \left[\frac{1}{N-1} \sum_{i=1}^{N} \left(\ln\text{CZXXF}_{it} - \frac{1}{N} \sum_{i=1}^{N} \ln\text{CZXXF}_{it} \right)^2 \right]^{\frac{1}{2}} \tag{5-1}$$

其中，参数 σ_t 表示变量的离散程度，如果在年份 $t+T$ 时满足 $\sigma_{t+T} < \sigma_t$，则称具有 T 阶段 σ 收敛性，如果对任意年份 $s>t$ 都有 $\sigma_s < \sigma_t$，则称具有一致 σ 收敛性[166]。

如图 5-8 所示，2002～2013 年城镇居民信息消费支出标准差发展趋势分为两个阶段：第一阶段为 2002～2008 年，标准差先上升，在 2006 年到达到峰值，然后下降；第二阶段为 2009 年及以后，标准差逐渐呈下降趋势，具有阶段 σ 收敛性。

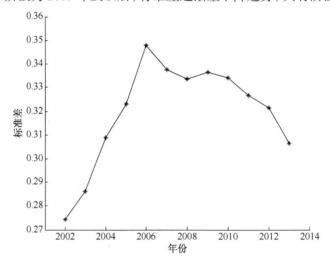

图 5-8　2002～2013 年城镇居民信息消费支出标准差趋势图

5.2.2　绝对 β 收敛

收敛方程如式(5-2)所示。

$$\ln\text{CZXXF}_{it} - \ln\text{CZXXF}_{i,t-1} = \alpha + \beta\ln\text{CZXXF}_{i,t-1} + \xi_{it} \tag{5-2}$$

当系数 $\beta<0$ 并且显著时，表明存在绝对 β 收敛。

表 5-11 给出了城镇居民信息消费支出面板数据的估计结果，从中可以看出，估计出的 β 值不显著，R^2 也极小[①]。因此，城镇居民信息消费支出不存在绝对 β 收敛的情况。

表 5-11　城镇居民的绝对 β 收敛估计结果

变量名称	估计结果
α	0.1071(1.3659)
β	−0.0045(−0.4511)
R^2	0.0006
log$L$	421.9877

注：系数估计值括号内为 t 统计量

5.2.3　条件 β 收敛

1. 引入个体固定效应、时间固定效应的非空间面板模型

检验条件 β 收敛的做法是在模型(5-2)的基础上，依次引入个体固定效应、时间固定效应、个体和时间固定效应，即考虑模型(5-3)，如果系数 $\beta<0$ 时，表明城镇居民信息消费支出存在条件 β 收敛。结果如表 5-12 所示，个体和时间固定效应的 LR 检验在 1%显著性水平上均显著，表明模型中应同时包含个体和时间双固定效应，且其 R^2 和 log$L$ 均最大。从估计结果来看，β 值为−0.2885，在 1%显著性水平上显著，表明存在个体和时间异质性变量能促进收敛。

$$\ln\text{CZXXF}_{it} - \ln\text{CZXXF}_{i,t-1} = \beta\ln\text{CZXXF}_{i,t-1} + u_i + \lambda_t + \xi_{it} \tag{5-3}$$

表 5-12　引入个体固定效应、时间固定效应的城镇居民条件 β 收敛估计结果

变量名称	个体固定效应模型	时间固定效应模型	个体和时间固定效应模型
β	−0.0317 (−2.0224)**	−0.0118 (−1.0863)	−0.2885 (−8.5297)***
R^2	0.0778	0.1922	0.3872
log$L$	435.6923	458.2860	505.3955

---

① 本节和 5.3 节的收敛性估计结果同样是在 Elhorst 所提供的 Matlab 程序的基础上修改完成的。

续表

变量名称	个体固定效应模型	时间固定效应模型	个体和时间固定效应模型
个体固定效应 LR 检验		94.2189(0.0000)	
时间固定效应 LR 检验		139.4064 (0.0000)	

注：系数估计值括号内为 t 统计量；检验统计量括号内为相应的 p 值

、*分别表示在 5%、1%的显著性水平上显著

2. 引入个体固定效应、时间固定效应及控制变量的非空间面板模型

在模型(5-3)的基础上进一步添加控制变量，得到模型(5-4)，用以比较估算出的收敛结果，并对其进行 LM 统计量检验。结果如表 5-13 所示，个体和时间固定效应的 LR 检验在 1%的显著性水平上均显著，表明模型中应同时包含个体和时间双固定效应，且其 R^2 和 $\log L$ 均最大。从估计结果来看，加入控制变量后，收敛速度明显提高，β 值为 -0.5803，表明存在条件 β 收敛。

$$\ln CZXXF_{it} - \ln CZXXF_{i,t-1} = \beta \ln CZXXF_{i,t-1} + \chi \ln X_{it} + u_i + \lambda_t + \xi_{it} \quad (5-4)$$

表 5-13　引入个体固定效应、时间固定效应及控制变量的城镇居民条件 β 收敛估计结果

变量名称	个体固定效应模型	时间固定效应模型	个体和时间固定效应模型
β	$-0.5767\ (-14.1060)$ ***	$-0.2711\ (-9.0817)$ ***	$-0.5803\ (-16.0325)$ ***
$\ln CZJG$	$-0.3417\ (-2.6764)$ ***	$0.2800\ (1.8604)$ *	$0.8031\ (3.8836)$ ***
$\ln CZJY$	$-0.0655\ (-1.0541)$	$0.1733\ (4.8961)$ ***	$-0.0402\ (-0.6684)$
$\ln CTGL$	$-0.0592\ (-3.3745)$ ***	$0.0042\ (0.7814)$	$-0.0637\ (-4.2451)$ ***
$\ln WMRS$	$-0.0294\ (-1.9047)$ *	$0.0062\ (1.1647)$	$0.0345\ (1.9602)$ *
$\ln CZSR$	$0.7325\ (11.3303)$ ***	$0.3367\ (8.0767)$ ***	$1.1390\ (12.9713)$ ***
LMlag			$2.4178\ (0.1200)$
LMlag_robust			$10.9348\ (0.0010)$
LMerror			$0.1258\ (0.7230)$
LMerror_robust			$8.6429\ (0.0030)$
R^2	0.4325	0.3782	0.6104
$\log L$	518.4729	502.8886	582.5874
个体固定效应 LR 检验		159.3976(0.0000)	
时间固定效应 LR 检验		128.2290(0.0000)	

注：系数估计值括号内为 t 统计量；检验统计量括号内为相应的 p 值

*、***分别表示在 10%、1%的显著性水平上显著

各控制变量对信息消费增长率的影响不尽相同。物价水平的上升，没有使信息消费增长率减弱，反而增强，产生了显著的正影响(0.8031)。受教育水平对信息消费增长率的影响并不显著。信息基础设施对信息消费增长率产生了显著的负影响(−0.0637)，说明基础设施的改善，会使信息消费增长率降低。网民人数对信息消费增长率产生了显著的正影响(0.0345)，说明使用新技术消费信息的广度增加，会使人们的信息费用的投入增加。城镇居民的收入对信息消费增长率产生了显著的正影响(1.1390)，说明当收入提升时，会增加人们用于获取信息的支出。

3. 引入个体固定效应和时间固定效应的空间面板杜宾模型

表 5-13 中个体和时间固定效应模型的 LM 检验结果显示，LMlag 和 LMerror 检验不能拒绝没有空间滞后被解释变量或空间自相关误差项的原假设，但当使用稳健的 LM 检验时，不能拒绝没有空间滞后被解释变量或空间自相关误差项的原假设，说明空间滞后模型和空间误差模型应同时成立。基于此，在模型(5-4)的基础上，进一步将空间因素添加到模型(5-4)中，得到模型(5-5)，用以比较估算出的收敛结果。

$$
\ln\mathrm{CZXXF}_{it} - \ln\mathrm{CZXXF}_{i,t-1} = \rho \sum_{j=1}^{31} W_{ij}(\ln\mathrm{CZXXF}_{it} - \ln\mathrm{CZXXF}_{i,t-1}) + \beta \ln\mathrm{CZXXF}_{i,t-1}
$$

$$
+ \chi \ln X_{it} + \theta \sum_{j=1}^{31} W_{ij} \ln\mathrm{CZXXF}_{i,t-1} \tag{5-5}
$$

$$
+ \tau \sum_{j=1}^{31} W_{ij} \ln X_{it} + u_i + \lambda_t + \xi_{it}
$$

运用 Baltagi 提出的中心化方法计算[167]，结果如表 5-14 第 2 列所示。Lee 和 Yu 认为运用直接估计方法将会使参数估计值产生偏误，因此对其进行了偏差修正，结果如表 5-14 第 3 列所示[160]。结果表明，空间滞后被解释变量和解释变量的系数估计值对偏差修正相当敏感，偏差修正的 R^2 略小于直接估计结果，所以以下分析采用直接估计结果。从表 5-14 第 2 列和第 3 列的结果可知，Wald 检验和 LR 检验均通过了 5%的显著性水平检验，必须拒绝模型(5-5)可以简化为空间滞后或空间误差模型，因此选取比空间滞后模型和空间误差模型形式更广义的空间面板杜宾模型进行实证分析。如果 u_i 被视为随机变量，而不是固定效应，相应的随机效应估计结果如表 5-14 第 4 列所示，但是通过 Hausman 检验可知，其估计值为 129.0465，自由度为 13，对应的 $p = 0.0000$，表明必须拒绝随机效应模型。

表 5-14　具有个体和时间固定效应的空间面板杜宾模型的城镇居民条件 β 收敛估计结果

变量名称	个体和时间固定效应模型	个体和时间固定效应模型(偏差修正)	个体和时间随机效应模型
β	−0.5982 (−15.9226) ***	−0.6009 (−15.0271) ***	−0.5173 (−13.6874) ***
lnCZJG	0.8235 (3.4807) ***	0.8290 (3.2898) ***	0.8241 (3.9001) ***
lnCZJY	−0.0501 (−0.8406)	−0.0521 (−0.8216)	0.0504 (1.0288)
lnCTGL	−0.0633 (−4.1515) ***	−0.0639 (−3.9334) ***	−0.0331 (−3.1436) ***
lnWMRS	0.0375 (2.0972) **	0.0374 (1.9595) **	0.0436 (4.1358) ***
lnCZSR	1.2223 (13.7243) ***	1.2299 (12.9746) ***	0.7804 (11.7760) ***
θ	0.2515 (3.0158) ***	0.2869 (3.2974) ***	0.2520 (3.2435) ***
W×lnCZJG	−0.3518 (−0.7956)	−0.4058 (−0.8629)	−0.6047 (−1.5623)
W×lnCZJY	0.1789 (1.3805)	0.1795 (1.3008)	0.1032 (0.9460)
W×lnCTGL	0.0483 (1.3802)	0.0523 (1.4054)	0.0435 (1.8211) *
W×lnWMRS	0.0320 (0.7214)	0.0297 (0.6269)	−0.0363 (−1.7428) *
W×lnCZSR	−0.5946 (−3.2031) ***	−0.6648 (−3.4175) ***	−0.5277 (−4.0197) ***
W×dep.var.	0.0280 (0.3664)	0.0936 (1.2550)	0.0210 (0.2752)
R^2	0.6295	0.6293	0.4352
$\log L$	591.1580	591.15780	−9192.0587
Wald_spatial_lag	15.4752 (0.0169)	16.8382 (0.0099)	32.7422(0.0000)
LR_spatial_lag	14.6353 (0.0233)	14.6353 (0.0233)	
Wald_spatial_error	17.3227 (0.0082)	14.9120 (0.0210)	34.0936(0.0000)
LR_spatial_error	16.9969 (0.0093)	16.9969 (0.0093)	

注：系数估计值括号内为 t 统计量；检验统计量括号内为相应的 p 值

*、**和***分别表示在 10%、5%和 1%的显著性水平上显著

从表 5-14 中可以看出，考虑空间因素后，城镇居民信息消费支出仍然存在条件 β 收敛情况。空间滞后被解释变量的系数估计值虽然为正但没有通过显著性检验，说明地区之间的信息消费增长并没有产生空间溢出效应。在表 5-14 参数估计结果的基础上，得到各变量对城镇居民信息消费支出增长率的直接效应和间接效应估计结果如表 5-15 所示。

表 5-15　各变量对城镇居民信息消费支出增长率的直接效应和间接效应估计结果

变量名称	个体和时间固定效应模型			个体和时间固定效应模型(偏差修正)		
	直接效应	间接效应	总效应	直接效应	间接效应	总效应
L.lnCZXXF	−0.5984 (−15.7474)***	0.2434 (3.1493)***	−0.3550 (−4.4842)***	−0.5954 (−15.0385)***	0.2494 (3.0180)***	−0.3460 (−3.8375)***
lnCZJG	0.8337 (3.3537) ***	−0.3590 (−0.7235)	0.4746 (1.0937)	0.8281 (3.3799) ***	−0.3803 (−0.6820)	0.4479 (0.9164)

变量名称	个体和时间固定效应模型			个体和时间固定效应模型(偏差修正)		
	直接效应	间接效应	总效应	直接效应	间接效应	总效应
lnCZJY	−0.0485 (−0.8456)	0.1847 (1.3926)	0.1362 (0.9045)	−0.0488 (−0.7368)	0.1912 (1.3253)	0.1425 (0.8851)
lnCTGL	−0.0628 (−4.0998)***	0.0499 (1.3069)	−0.0129 (−0.4215)	−0.0627 (−3.9104)***	0.0518 (1.2229)	−0.0109 (−0.2473)
lnWMRS	0.0378 (2.1916)***	0.0367 (0.7768)	0.0745 (1.5428)	0.0382 (1.9890)*	0.0374 (0.7027)	0.0756 (1.3433)
lnCZSR	1.2252 (13.8829)***	−0.5784 (−3.3528)***	0.6469 (3.5662***)	1.2160 (12.5721)***	−0.5994 (−3.1285)***	0.6167 (2.8956)***

注：系数估计值括号内为 t 统计量

*、***分别表示在 10%、1%的显著性水平上显著

从表 5-15 可以看出，初始水平对本地区信息消费增长率的直接效应为 −0.5984 且通过了 1%显著性水平检验，这说明在空间面板杜宾模型下，仍然存在条件 β 收敛，且收敛速度较模型(5-4)略有提升。初始水平对相邻地区信息消费增长率的间接效应为 0.2434，且通过 1%显著性水平检验。各控制变量对本地区信息消费增长率的影响不一样，但总体表现与前面结论一致。控制变量中，除收入水平的间接效应为负且显著外，其余间接效应并不显著，说明这些控制变量对信息消费增长率的影响局限于本地区。

5.3　农村居民信息消费支出的收敛性分析

5.3.1　绝对 σ 收敛

如图 5-9 所示，2002～2013 年农村居民信息消费支出标准差发展趋势分为两个阶段：第一阶段为 2002～2008 年，标准差存在波动下降趋势；第二阶段为 2009 年及以后，标准差呈下降趋势，具有阶段 σ 收敛性。

5.3.2　绝对 β 收敛

收敛方程如式(5-6)所示。

$$\ln NCXXF_{it} - \ln NCXXF_{i,t-1} = \alpha + \beta \ln NCXXF_{i,t-1} + \xi_{it} \tag{5-6}$$

当系数 $\beta < 0$ 并且显著时，表明存在绝对 β 收敛。

表 5-16 给出了农村居民信息消费支出收敛的估计结果，从中可以看出，估计出的 β 值为 −0.0238，在 1%显著性水平上显著。因此，农村居民信息消费支出满足绝对 β 收敛，说明落后地区能够赶上高水平地区。那么是否存在其他影响因素

能够促进收敛呢?

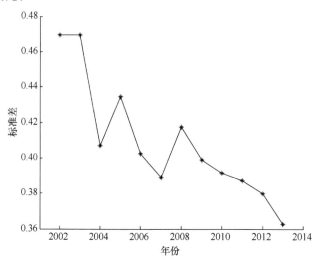

图 5-9　2002～2013 年农村居民信息消费支出标准差趋势图

表 5-16　农村居民的绝对 β 收敛估计结果

变量	绝对收敛模型
α	0.2590 (3.9380)***
β	−0.0238 (−2.3414)***
R^2	0.0182
$\log L$	300.1566

注：系数估计值括号内为 t 统计量

***表示在 1% 的显著性水平上显著

5.3.3　条件 β 收敛

1. 引入个体固定效应、时间固定效应的非空间面板模型

考虑模型(5-7)，估计结果如表 5-17 所示。从结果来看，β 值为−0.3787，在 1% 显著性水平上显著，大于绝对 β 收敛的速度。

$$\ln\text{NCXXF}_{it} - \ln\text{NCXXF}_{i,t-1} = \beta \ln\text{NCXXF}_{i,t-1} + u_i + \lambda_t + \xi_{it} \tag{5-7}$$

表 5-17　引入个体固定效应、时间固定效应的农村居民条件 β 收敛估计结果

变量名称	个体固定效应模型	时间固定效应模型	个体和时间固定效应模型
β	−0.0250(−1.5423)	−0.0400 (−3.8840)***	−0.3787 (−9.1518)***
R^2	0.0522	0.3446	0.4978
$\log L$	305.3819	360.1574	399.7098

续表

变量名称	个体固定效应模型	时间固定效应模型	个体和时间固定效应模型
个体固定效应 LR 检验		79.1048 (0.0000)	
时间固定效应 LR 检验		188.6559 (0.0000)	

注：系数估计值括号内为 t 统计量；检验统计量括号内为相应的 p 值

***表示在 1%的显著性水平上显著

2. 引入个体固定效应、时间固定效应及控制变量的非空间面板模型

模型(5-8)的结果如表 5-18 所示，加入控制变量后收敛速度明显提高，β 值为 −0.4339，表明存在条件 β 收敛。物价水平的上升，没有使信息消费支出增长率减弱，反而增强，产生了显著的正影响(0.3591)。农村居民的收入水平对信息消费支出产生了显著的正影响(0.3516)，说明当收入提升时，信息消费支出增长率提高。而受教育水平、城镇居民的信息消费习惯对信息消费支出增长率的影响并不显著，反映出当前农村居民的受教育水平仍有待提升，并且受制于农村地区落后的信息基础设施和消费观念，城镇居民的信息消费习惯并没有对农村居民产生显著影响。

$$\ln\mathrm{NCXXF}_{it} - \ln\mathrm{NCXXF}_{i,t-1} = \beta \ln\mathrm{NCXXF}_{i,t-1} + \chi \ln X_{it} + u_i + \lambda_t + \xi_{it} \quad (5\text{-}8)$$

表 5-18 引入个体固定效应、时间固定效应及控制变量的农村居民条件 β 收敛估计结果

变量名称	个体固定效应模型	时间固定效应模型	个体和时间固定效应模型
β	−0.4116 (−8.8665) ***	−0.0976 (−4.3756) ***	−0.4339 (−9.4547) ***
lnNCJG	0.0059 (0.0441)	0.0686 (1.7428) **	0.3591 (1.7053) *
lnNCSR	0.5048 (6.5249) ***	0.2569 (2.4764) *	0.3516 (2.8294) **
lnNCJY	−0.2375 (−3.3812) ***	0.0346 (0.7187)	0.0631 (0.4531)
L. lnCZXXF	−0.0350 (−0.7740)	0.0304 (1.1761)	−0.0415 (−1.0042)
LMlag			0.2086 (0.6480)
LMlag_robust			7.5949 (0.0060)
LMerror			0.3483 (0.5550)
LMerror_robust			7.7345 (0.0050)
R^2	0.3290	0.3658	0.5134
logL	356.6795	365.0429	404.3842
个体固定效应 LR 检验		78.6826(0.0000)	
时间固定效应 LR 检验		95.4095(0.0000)	

注：系数估计值括号内为 t 统计量；检验统计量括号内为相应的 p 值

*、**和***分别表示在 10%、5%和 1%的显著性水平上显著

3. 引入个体固定效应和时间固定效应的空间面板杜宾模型

根据表 5-18 的估计结果，可得模型(5-9)，且表 5-19 第 2 列和第 3 列结果表明选取形式更广义的空间面板杜宾模型进行实证分析是合适的。Hausman 检验的估计值为 70.0347，自由度为 11，对应的 $p=0.0000$，表明必须拒绝随机效应模型。

$$\ln\text{NCXXF}_{it} - \ln\text{NCXXF}_{i,t-1} = \rho\sum_{j=1}^{27} W_{ij}(\ln\text{NCXXF}_{it} - \ln\text{NCXXF}_{i,t-1})$$

$$+ \beta\ln\text{NCXXF}_{i,t-1} + \chi\ln X_{it} + \theta\sum_{j=1}^{27} W_{ij}\ln\text{NCXXF}_{i,t-1} \quad (5\text{-}9)$$

$$+ \tau\sum_{j=1}^{27} W_{ij}\ln X_{it} + u_i + \lambda_t + \xi_{it}$$

表 5-19 具有个体和时间固定效应的空间面板杜宾模型的农村居民条件 β 收敛估计结果

变量名称	个体和时间固定效应模型	个体和时间固定效应模型(偏差修正)	个体和时间随机效应模型
β	$-0.4944\ (-10.2767)^{***}$	$-0.4980\ (-9.7020)^{***}$	$-0.1451\ (-5.6845)^{***}$
lnNCJG	$0.0556\ (0.2277)$	$0.0376\ (0.1441)$	$0.2005\ (1.3748)$
lnNCSR	$0.2700\ (2.1595)^{**}$	$0.2653\ (1.9884)^{**}$	$0.0633\ (2.0541)^{**}$
lnNCJY	$0.1007\ (0.7348)$	$0.0969\ (0.6629)$	$0.1047\ (1.9773)^{**}$
L. lnCZXXF	$-0.0295\ (-0.6315)$	$-0.0306\ (-0.6138)$	$0.0762\ (2.6264)^{***}$
θ	$0.2123\ (2.0019)^{**}$	$0.2450\ (2.1863)^{**}$	$0.1429\ (2.6644)^{***}$
W×lnNCJG	$0.6319\ (1.3304)$	$0.5963\ (1.1767)$	$0.1860\ (0.5215)$
W×lnNCSR	$0.3738\ (1.2267)$	$0.3464\ (1.0657)$	$-0.0177\ (-0.3058)$
W×lnNCJY	$0.1326\ (0.4449)$	$0.1229\ (0.3861)$	$-0.2247\ (-2.1545)^{**}$
W×L. lnCZXXF	$0.0072\ (0.0894)$	$0.0081\ (0.0935)$	$-0.1139\ (-2.0968)^{**}$
W×dep.var.	$0.0360\ (0.4362)$	$0.1131\ (1.4120)$	$0.0680\ (0.8282)$
R^2	0.5379	0.5379	0.1266
$\log L$	412.0162	412.0162	-403.1234
Wald_spatial_lag	$15.2930\ (0.0092)$	$15.2531\ (0.0093)$	$15.0289\ (0.0102)$
LR_spatial_lag	$15.0392\ (0.0102)$	$15.0392\ (0.0102)$	
Wald_spatial_error	$15.0248\ (0.0103)$	$12.8632\ (0.0247)$	$14.1472\ (0.0147)$
LR_spatial_error	$14.8281\ (0.0111)$	$14.8281\ (0.0111)$	

注：系数估计值括号内为 t 统计量；检验统计量括号内为相应的 p 值

、*分别表示在 5%、1%的显著性水平上显著

从表 5-19 中可以看出，考虑空间因素后，农村居民信息消费支出仍然存在条件 β 收敛情况，且农村地区的信息消费增长率没有产生空间溢出效应。

由表 5-20 中个体和时间固定效应模型(偏差修正)的效应分解结果可知，初始水平对本地区信息消费支出增长率的直接效应为–0.4929，且通过了 1%显著性水平检验，这说明在空间面板杜宾模型下存在条件 β 收敛，且收敛速度较模型(5-8)有提升。而初始水平对相邻地区信息消费增长率的间接效应为 0.2143，且通过了 10%显著性水平检验。控制变量中只有收入水平对本地农村居民信息消费的增长率产生显著影响。

表 5-20 各变量对农村居民信息消费支出增长率的直接效应和间接效应估计结果

变量名称	个体和时间固定效应模型			个体和时间固定效应模型(偏差修正)		
	直接效应	间接效应	总效应	直接效应	间接效应	总效应
L.lnNCXXF	−0.4924 (−10.3716)***	0.2038 (1.9817)*	−0.2886 (−2.9467)***	−0.4929 (−9.6779)***	0.2143 (1.7760)*	−0.2786 (−2.4357)**
lnNCJG	0.0650 (0.2959)	0.6525 (1.3492)	0.7174 (1.5934)	0.0361 (0.1657)	0.6656 (1.2108)	0.7020 (1.3456)
lnNCSR	0.2732 (2.2132)**	0.4018 (1.2014)	0.6750 (2.0502)**	0.2681 (1.9844)*	0.4112 (1.2039)	0.6793 (1.8579)*
lnNCJY	0.1108 (0.7344)	0.1459 (0.4033)	0.2566 (0.6312)	0.1052 (0.6877)	0.1325 (0.3553)	0.2376 (0.5470)
L.lnCZXXF	−0.0286 (−0.6320)	0.0069 (0.0708)	−0.0218 (−0.2842)	−0.0274 (−0.5997)	0.0012 (0.0619)	−0.0262 (−0.2794)

注：系数估计值括号内为 t 统计量

*、**和***分别表示在 10%、5%和 1%的显著性水平上显著

5.4 信息消费的城乡差异性分析

5.4.1 研究思路

本节首先对城乡居民信息消费差异性进行描述性统计分析，进一步对城乡居民信息消费差异性的来源和大小进行测度。在此基础上，对城乡差异等级进行评价，进而给出样本期内差异等级的总体评价结论。主要采用 Dagum 基尼系数分解方法、灰色聚类与第一主成分方法、时间赋权法进行研究。具体研究思路如图 5-10 所示。

图 5-10 研究思路

5.4.2　城乡居民家庭平均每百户信息消费耐用品对比

　　目前农村居民家庭信息消费耐用品拥有量虽然呈上升趋势,但较城镇居民仍有较大差距,从图 5-11 城乡居民家庭平均每百户计算机拥有量可以看出,农村居民家庭在 2012 年的计算机拥有量才达到城镇居民家庭在 2002 年的水平,城乡水平相差近 10 年,在 2012 年该指标相差达 65.7 台[①]。从图 5-12 城乡居民家庭平均每百户移动电话拥有量可以看出,虽然在移动电话上的差距在缩小,但在 2012 年仍相差 14.8 部。

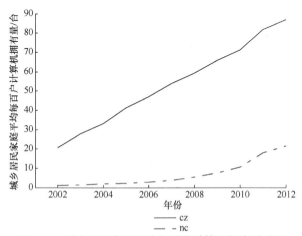

图 5-11　城乡居民家庭平均每百户计算机拥有量对比
cz 表示城镇居民, nc 表示农村居民

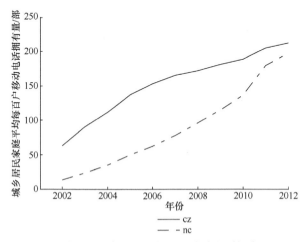

图 5-12　城乡居民家庭平均每百户移动电话拥有量对比
cz 表示城镇居民, nc 表示农村居民

―――――――――――

　　① 因为 2013 年以后的统计年鉴中未统计这两项内容,所以样本期截至 2012 年。

5.4.3　信息消费的城乡差异性测度

为了进一步分析城乡信息消费的差异性,本小节基于 Dagum 基尼系数及其分解方法,分别计算了城乡居民信息消费支出、信息消费系数、信息消费倾向的基尼系数。目前常见文献主要将 Dagum 基尼系数应用于地区间差异问题,并且主要研究的是单一指标的差异性[168],尚没有文献将其应用于分析城乡差异性。多指标 Dagum 基尼系数的具体计算方法如式(5-10)所示。

$$G^i = \frac{\sum_{j=1}^{k}\sum_{h=1}^{k}\sum_{m=1}^{n_j}\sum_{r=1}^{n_h}\left|x_{jm}^i - x_{hr}^i\right|}{2n^2\mu^i} \tag{5-10}$$

其中, $G^i(i=1,2,3)$ 表示三个指标的基尼系数; $k=2$ 表示城镇和农村地区; n_j 、 n_h 分别表示城镇、农村居民的省区市数; x_{jm}^i 、 x_{hr}^i 分别表示城镇、农村居民第 i 个指标值; n 表示省区市总数; μ^i 表示城乡居民某一指标的总平均值。

进一步可以将基尼系数 $G^i(i=1,2,3)$ 分解为式(5-11)。

$$G^i = G_w^i + G_{nb}^i + G_t^i \tag{5-11}$$

其中, G_w^i 表示城乡居民内部差异贡献; G_{nb}^i 表示城乡居民之间差异贡献; G_t^i 表示超变密度贡献。这三种贡献的计算方法如式(5-12)~式(5-19)所示。

$$G_{jj}^i = \frac{\sum_{m=1}^{n_j}\sum_{n=1}^{n_j}\left|x_{jm}^i - x_{jr}^i\right|}{2\mu_j^i n_j^2} \tag{5-12}$$

$$G_w^i = \sum_{j=1}^{k} G_{jj}^i p_j s_j^i \tag{5-13}$$

其中, $j=1,2$ 分别表示城镇、农村地区; μ_j^i 表示城镇或农村地区某一指标的平均值; $p_j = \frac{n_j}{n}$; $s_j^i = \frac{n_j\mu_j^i}{n\mu^i}$; G_{jj}^i 表示城镇或农村地区某一指标的地区内基尼系数。

$$G_{jh}^i = \frac{\sum_{m=1}^{n_j}\sum_{r=1}^{n_h}\left|x_{jm}^i - x_{hr}^i\right|}{n_j n_h\left(\mu_j^i + \mu_h^i\right)} \tag{5-14}$$

$$G_{nb}^i = G_{jh}^i\left(p_j^i s_h^i + p_h^i s_j^i\right)D_{jh}^i \tag{5-15}$$

$$G_t^i = G_{jh}^i\left(p_j^i s_h^i + p_h^i s_j^i\right)\left(1 - D_{jh}^i\right) \tag{5-16}$$

$$D_{jh}^i = \frac{d_{jh}^i - p_{jh}^i}{d_{jh}^i + p_{jh}^i} \tag{5-17}$$

$$d_{jh}^i = \int\limits_0^\infty \mathrm{d}F_j^i(y)\int\limits_0^y (y-x)\mathrm{d}F_h^i(x) \tag{5-18}$$

$$p_{jh}^i = \int\limits_0^\infty \mathrm{d}F_h^i(y)\int\limits_0^y (y-x)\mathrm{d}F_j^i(x) \tag{5-19}$$

由 3.3.2 小节的分析可知样本期内城镇地区居民的信息消费指标值均大于农村居民，所以 $j=2$ 表示城镇地区，$h=1$ 表示农村地区；G_{jh}^i 表示城乡之间基尼系数；d_{jh}^i 表示城乡之间某一指标的差值，即 $x_{jm}^i - x_{hr}^i > 0$ 的样本值加总的数学期望；p_{jh}^i 表示超变一阶矩阵，即 $x_{hr}^i - x_{jm}^i > 0$ 的样本值加总的数学期望；F_j^i、F_h^i 分别表示城镇或农村地区某一指标的分布函数。

1. 城乡总体差异分析

图 5-13 描述了城乡居民信息消费总体差异的演变趋势，具体的基尼系数如表 5-21 所示。可以看出：信息消费支出的总体差异要大于信息消费系数和信息消费倾向，但总体差异均呈下降态势。信息消费支出基尼系数由 2002 年的 0.3915 下降到 2013 年的 0.3480，较 2002 年下降 11.11%，年均下降 1.07%。信息消费系数的基尼系数由 2002 年的 0.1102 下降到 2013 年的 0.0818，较 2002 年下降 25.77%，年均下降 2.67%。信息消费倾向基尼系数由 2002 年的 0.1365 下降到 2013 年的 0.0933，较 2002 年下降 31.65%，年均下降 3.40%，居民消费意愿的总体差异减少最多。

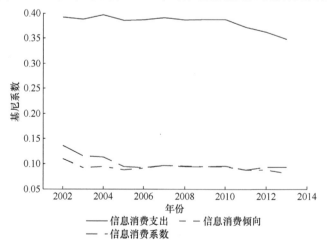

图 5-13　城乡总体差异演变趋势图

表 5-21　城乡基尼系数

年份	信息消费支出	信息消费系数	信息消费倾向
2002	0.3915	0.1102	0.1365
2003	0.3869	0.0927	0.1153
2004	0.3959	0.0943	0.1135
2005	0.3855	0.0874	0.0939
2006	0.3862	0.0910	0.0923
2007	0.3906	0.0971	0.0971
2008	0.3859	0.0955	0.0945
2009	0.3875	0.0944	0.0945
2010	0.3875	0.0948	0.0951
2011	0.3715	0.0881	0.0879
2012	0.3620	0.0876	0.0934
2013	0.3480	0.0818	0.0933

2. 城乡内部差异分析

图 5-14 描述了城乡内部居民信息消费差异的演变趋势，具体的基尼系数如表 5-22 所示。

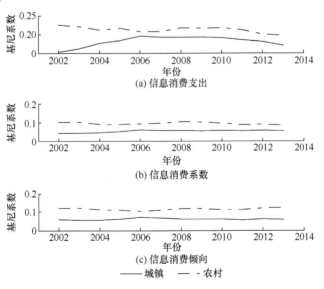

图 5-14　城乡内部差异演变趋势图

表 5-22　城乡内部基尼系数

年份	信息消费支出		信息消费系数		信息消费倾向	
	城镇	农村	城镇	农村	城镇	农村
2002	0.1520	0.2243	0.0415	0.1012	0.0580	0.1200
2003	0.1604	0.2199	0.0438	0.1017	0.0545	0.1208
2004	0.1755	0.2105	0.0461	0.0909	0.0546	0.1105
2005	0.1836	0.2148	0.0523	0.0900	0.0609	0.1075
2006	0.1954	0.2062	0.0590	0.0932	0.0694	0.1023
2007	0.1916	0.2065	0.0576	0.0967	0.0667	0.1098
2008	0.1913	0.2164	0.0579	0.1046	0.0609	0.1181
2009	0.1918	0.2159	0.0552	0.1015	0.0614	0.1166
2010	0.1900	0.2164	0.0564	0.0952	0.0605	0.1113
2011	0.1842	0.2107	0.0544	0.0880	0.0559	0.1121
2012	0.1802	0.1987	0.0568	0.0894	0.0618	0.1204
2013	0.1699	0.1957	0.0552	0.0843	0.0591	0.1235

可以看出，城镇居民信息消费差异要小于农村居民，农村居民之间有更大的消费差异，且三个指标的变化趋势不尽相同，具体分析如下。

总量指标信息消费支出基尼系数方面，城镇居民由 2002 年的 0.1520 上升到 2006 年的 0.1954，随后基本呈下降态势，2013 年下降到 0.1699，但较 2002 年增长了 11.78%，年均增长 1.02%；农村居民由 2002 年的 0.2243 波动下降到 2006 年的 0.2062，随后又上升到 2008 的 0.2164，然后基本呈下降态势，2013 年下降到 0.1957，较 2002 年下降 12.75%，年均下降 1.23%。说明城镇居民信息消费绝对水平差异总体呈上升态势，而农村居民表现相反。

信息消费系数的基尼系数方面，城镇居民由 2002 年的 0.0415 上升到 2006 年的 0.0590，随后基本呈下降态势，2013 年下降到 0.0552，但较 2002 年增长了 33.01%，年均增长 2.63%；农村居民由 2002 年的 0.1012 下降到 2005 年的 0.0900，随后又上升到 2008 的 0.1046，然后基本呈下降态势，2013 年下降到 0.0843，较 2002 年下降 16.70%，年均下降 1.65%。说明城乡居民信息消费相对水平差异表现趋势同总量指标。

信息消费倾向基尼系数方面，城镇居民由 2002 年的 0.0580 波动上升到 2006 年 0.0694，随后基本呈下降态势，2013 年下降到 0.0591，但较 2002 年增长了 1.90%，年均增长 0.17%；农村居民由 2002 年的 0.1200 波动下降到 2007 年的 0.1098，然后基本呈上升态势，2013 年上升到 0.1235，较 2002 年上升 2.92%，年均增长 0.26%。说明城镇居民和农村居民的信息消费意愿差异均呈上升趋势，并且城镇居民的差异增长要慢于农村居民。

3. 城乡间差异分析

图 5-15 描述了城乡居民信息消费城乡间差异的演变趋势, 具体的基尼系数如表 5-23 所示。可以看出, 信息消费支出的城乡间差异要大于信息消费系数和信息消费倾向, 但城乡间差异均呈下降态势。信息消费支出基尼系数由 2002 年的 0.6433 波动下降到 2013 年的 0.5359, 较 2002 年下降了 16.70%, 年均下降 1.65%。信息消费系数的基尼系数由 2002 年的 0.1592 波动下降到 2013 年的 0.0973, 较 2002 年下降了 38.88%, 年均下降 4.38%。信息消费倾向基尼系数由 2002 年的 0.1962 波动下降到 2013 年的 0.1003, 较 2002 年下降了 48.88%, 年均下降 5.92%, 城乡间信息消费倾向的差异减少最多。

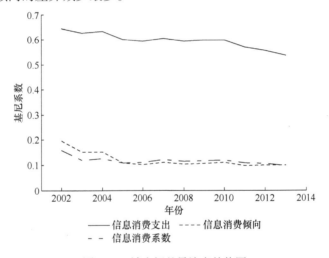

图 5-15 城乡间差异演变趋势图

表 5-23 城乡间基尼系数

年份	信息消费支出	信息消费系数	信息消费倾向
2002	0.6433	0.1592	0.1962
2003	0.6255	0.1206	0.1530
2004	0.6321	0.1266	0.1533
2005	0.6007	0.1085	0.1091
2006	0.5925	0.1103	0.1022
2007	0.6056	0.1225	0.1108
2008	0.5940	0.1157	0.1052
2009	0.5970	0.1165	0.1054
2010	0.5986	0.1190	0.1101

续表

年份	信息消费支出	信息消费系数	信息消费倾向
2011	0.5704	0.1094	0.0972
2012	0.5560	0.1061	0.1007
2013	0.5359	0.0973	0.1003

4. 城乡差异来源及贡献

图 5-16 描述了城乡居民信息消费差异贡献的演变趋势，具体的差异来源如表 5-24 所示。可以看出，三个指标的演变趋势不尽相同，具体分析如下。

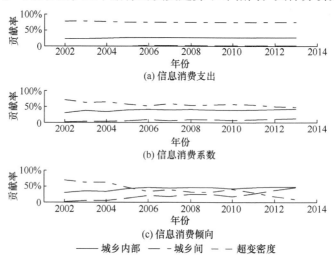

图 5-16　城乡差异来源贡献率演变趋势图

表 5-24　城乡差异来源

年份	信息消费支出			信息消费系数			信息消费倾向		
	城乡内部	城乡间	超变密度	城乡内部	城乡间	超变密度	城乡内部	城乡间	超变密度
2002	0.0849	0.3065	0	0.0319	0.0777	0.0007	0.0402	0.0948	0.0015
2003	0.0885	0.2984	0	0.0332	0.0567	0.0028	0.0399	0.0701	0.0053
2004	0.0945	0.3014	0	0.0318	0.0603	0.0021	0.0380	0.0708	0.0048
2005	0.0985	0.2870	0	0.0337	0.0496	0.0040	0.0400	0.0423	0.0117
2006	0.1029	0.2831	0.0002	0.0365	0.0467	0.0078	0.0417	0.0310	0.0197
2007	0.1013	0.2892	0.0001	0.0366	0.0555	0.0049	0.0423	0.0379	0.0169
2008	0.1020	0.2838	0.0001	0.0383	0.0500	0.0072	0.0423	0.0299	0.0222

年份	信息消费支出			信息消费系数			信息消费倾向		
	城乡内部	城乡间	超变密度	城乡内部	城乡间	超变密度	城乡内部	城乡间	超变密度
2009	0.1022	0.2852	0.0001	0.0369	0.0506	0.0070	0.0422	0.0288	0.0235
2010	0.1014	0.2859	0.0001	0.0360	0.0528	0.0060	0.0406	0.0382	0.0163
2011	0.0984	0.2729	0.0003	0.0340	0.0475	0.0065	0.0397	0.0252	0.0230
2012	0.0956	0.2662	0.0002	0.0351	0.0436	0.0088	0.0434	0.0162	0.0338
2013	0.0909	0.2569	0.0003	0.0337	0.0392	0.0089	0.0434	0.0081	0.0418

信息消费支出方面，2002 年城乡内部差异贡献率为 21.69%，然后基本呈递增态势，到 2013 年达到 26.11%，较 2002 年上升 20.38%，年均增长 1.70%。2002年城乡间差异贡献率为 78.31%，2013 年下降到 73.80%，年均减少 0.54%。而超变密度的贡献率较小。说明信息消费绝对水平差异主要由城乡间差异引起。

信息消费系数方面，2002 年城乡内部差异贡献率为 28.92%，然后基本呈递增态势，2013 年达到 41.20%，较 2002 年上升 42.46%，年均增长 3.27%。2002年城乡间差异贡献率为 70.44%，2013 年下降到 47.92%，仍高于 2013 城乡内部差异贡献率 6.72 百分点，较 2002 年下降 31.97%，年均减少 3.44%。而超变密度的贡献率虽小，却呈递增态势，年均增长 29.56%。说明信息消费相对水平差异主要由城乡间差异引起，但影响却呈下降态势。

信息消费倾向方面，城乡内部差异贡献率变化虽有波动，但基本呈递增态势，2002 年为 29.45%，2013 年达到 46.52%，较 2002 年上升 57.96%，年均增长 4.24%。而城乡间差异贡献率变化不尽相同，呈逐年递减态势，在 2006 年减小到 33.55%，低于同年的城乡内差异 11.58 个百分点，年均下降 17.23%。超变密度的贡献率也呈递增态势，在 2012 年超过城乡间差异贡献率，年均上升 40.07%。说明消费意愿差异的来源有较大波动，2006 年以后主要由城乡内差异引起，城乡间差异的影响在下降，同时超变密度的贡献率在 2012 年上升到第 2 位。

5.4.4 信息消费的城乡差异性评价

通过以上分析，可以看出农村居民信息消费差异要大于城镇居民，但信息消费支出、信息消费系数、信息消费倾向的差异演变态势不同，特别是城乡内部三个指标的城乡变化差异较大，并且差异来源不尽相同，因此采用单一指标得出的差异评价结论是不准确的，必须对城乡差异等级进行综合评价。将城乡居民信息消费差异等级分为四个级别，分别为 I、II、III、IV，依次表示差异由小到大，城乡居民信息消费差异评价方法如下。

1. 构建基尼系数的各灰类白化权函数

一般构建白化权函数时，转折点的确定多主观给定，各灰类取值范围依赖专家经验[169]。基于此，本小节将每个指标的取值范围按照样本最小值、下四分位数、中位数、上四分位数、最大值划分为四个小区间，具体如表 5-25 所示。

表 5-25　灰色聚类区间划分

分位数	信息消费支出	信息消费系数	信息消费倾向
最小值	0.3480	0.0818	0.0879
下四分位数	0.3785	0.0878	0.0933
中位数	0.3866	0.0935	0.0945
上四分位数	0.3891	0.0952	0.1053
最大值	0.3959	0.1102	0.1365

计算每个小区间的中间点，令该点的白化函数值为 1，对第 Ⅱ、第 Ⅲ 灰类采用适中型三角白化权函数来描述每个指标对各灰类的白化值，而对第 Ⅰ、第 Ⅳ 灰类则分别采用下限型和上限型白化权函数来描述。基于端点三角白化权函数的传统灰色聚类方法需要在两端进行适当延拓，其数值的确定有一定的主观性，根据本小节的问题，在第 Ⅰ、第 Ⅳ 灰类处不采用三角白化权函数①。对第 Ⅰ 灰类，令区间[最小值，下四分位数]中间点左边区域的白化函数值为 1；对第 Ⅳ 灰类，令区间[上四分位数，最大值]中间点右边区域白化函数值为 1。从而得到第 j 指标对第 k 灰类的白化权函数为 $f^k\left(G^i\right),(i=1,2,3;k=1,2,3,4)$。以信息消费支出基尼系数各灰类的白化权函数图为例，可以绘制函数图形如图 5-17 所示。

2. 计算灰色聚类系数

因为三个指标重要性相同，所以采用等权重 $\eta_i\,(i=1,2,3)$ 的方法，计算关于某一灰类的白化权函数值加权和 $\sigma_t^k=\sum_{i=1}^{3}f^k\left(G^i\right)\eta_i,(k=1,2,3,4;t=2002,\cdots,2013)$，得出相应的灰色聚类系数，计算结果如表 5-26 第 2～第 5 列所示②。

---

① 以第 Ⅰ 灰类为例，如果[最小值，下四分位数]中间点属于第 Ⅰ 灰类隶属度为 1，则比其小的基尼系数值也必定将属于第 Ⅰ 灰类。如果采用三角白化权函数，则会低估其属于第 Ⅰ 灰类的隶属度，从而采用下限型白化权函数更为准确。

② 灰色聚类分析，采用 Matlab R2009a 自编程序完成。

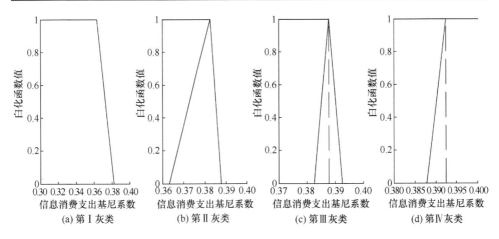

图 5-17　信息消费支出基尼系数各灰类的白化权函数图

表 5-26　灰色聚类系数和灰类等级评价结果

年份	第Ⅰ灰类	第Ⅱ灰类	第Ⅲ灰类	第Ⅳ灰类	灰类等级
2002	0.0000	0.0000	0.0709	0.9290	Ⅳ
2003	0.3333	0.2047	0.4619	0.0000	Ⅲ
2004	0.3333	0.0000	0.3333	0.3333	Ⅲ
2005	0.1864	0.6248	0.1887	0.0000	Ⅱ
2006	0.3333	0.4061	0.2605	0.0000	Ⅱ
2007	0.0000	0.1555	0.5347	0.3097	Ⅲ
2008	0.0000	0.4195	0.5328	0.0476	Ⅲ
2009	0.0000	0.3188	0.6771	0.0040	Ⅲ
2010	0.0000	0.2855	0.6946	0.0198	Ⅲ
2011	0.6711	0.3288	0.0000	0.0000	Ⅰ
2012	0.5589	0.4410	0.0000	0.0000	Ⅰ
2013	0.7272	0.2727	0.0000	0.0000	Ⅰ

3. 计算信息消费差异等级结果

根据每一年灰色聚类系数的最大值，确定该年信息消费所属的差异等级，结果如表 5-26 第 6 列所示，在三维图形上标绘出相应的聚类结果，如图 5-18 所示。其中 2004 年的灰色聚类系数在第Ⅰ、第Ⅲ、第Ⅳ灰类相同，从中可以看出，2004年的空间位置更接近于第Ⅲ灰类，基于此判定 2004 年灰类等级为Ⅲ。可以看出，相应的空间的散布与聚类结果一致，差异等级由 2002 年的第Ⅳ级最大，下降到 2005 年、2006 年的第Ⅱ级，在 2007～2010 年又上升至第Ⅲ级，然后在 2011～2013 年又下降到第Ⅰ级，总体来看差异等级虽然有波动，但呈下降态势。

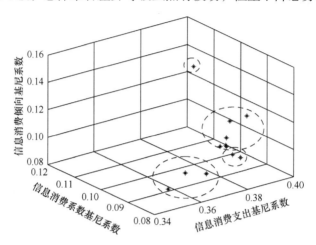

图 5-18　信息消费差异等级三维散布图

4. 计算各年份信息消费差异的评价值

为了得到各年信息消费差异的综合评价值，采用主成分分析方法将计算得到的各年份第一主成分的得分作为城乡居民信息消费差异的综合评价值。计算样本总体基尼系数的相关系数如表 5-27 所示，三个指标的基尼系数之间有较高的相关性，适于进行主成分分析。

表 5-27　总体基尼系数的相关系数

相关系数	G^1	G^2	G^3
G^1	1.0000	0.6993	0.4362
G^2	0.6993	1.0000	0.7572
G^3	0.4362	0.7572	1.0000

首先计算各样本总体基尼系数标准化矩阵的相关系数矩阵，然后计算该相关系数矩阵对应的特征值与特征向量，得到第一主成分评价函数如式(5-20)所示。

$$y = 0.5385G_t^{1*} + 0.6297G_t^{2*} + 0.5599G_t^{3*} \qquad (5-20)$$

其中，各样本总体基尼系数的符号*表示基尼系数标准化后的数据。各变量的评价系数均为正值且较为接近，第一主成分的方差贡献率达到 75.71%，说明第一主成分方法较为合理。各年份第一主成分得分及排名如表 5-28 所示，并画出得分散点

图如图 5-19 所示。可以看出，差异得分评价排名与表 5-26 的聚类结果一致，具
体分析如下：2002 年得分最大，说明初期城乡差异较大；2003 年、2004 年、2007
年、2008 年、2009 年、2010 年的得分均大于 0，其排名随时间增长虽有波动但差
异呈下降态势；而 2005 年、2006 年的得分略小于 0，说明这两年城乡差异较小；
2011 年、2012 年、2013 年的得分为最小的三个，均小于 0。

表 5-28 各年份第一主成分得分及排名

年份	得分	排名	年份	得分	排名
2002	3.3694	1	2008	0.1539	6
2003	0.7733	3	2009	0.1203	7
2004	1.1862	2	2010	0.1796	5
2005	−0.6128	9	2011	−1.3283	10
2006	−0.3231	8	2012	−1.5198	11
2007	0.5823	4	2013	−2.5811	12

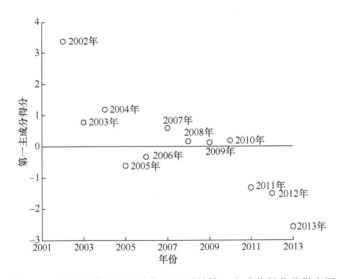

图 5-19 信息消费差异性总体基尼系数第一主成分得分分散点图

5. 计算样本期信息消费差异等级的综合评价值

通过以上分析得出了各年份信息消费差异等级和得分的评价值，但没有给
出整个样本期差异等级的评价值。最常用的时间赋权法为等权均值法，即取时
间权重为 $\omega_1 = 1/12$。但为突出信息消费在不同时刻的差异，体现"厚今薄古"
思想，采用三重差异驱动法进行加权，即取时间权重为 $\omega_2 = \mathrm{e}^{\lambda t_k}\ (t_k = 1, 2, \cdots, 12)$，

$\lambda = (2 \times 12)^{-1}$，由此得到整个样本期灰类等级评价结果，如表 5-29 所示[63]。均值法和三重差异驱动法的结论相同，均为第Ⅲ级，说明城乡差异总体较大。

表 5-29　整个样本期灰类等级评价结果

评价方法	第Ⅰ灰类	第Ⅱ灰类	第Ⅲ灰类	第Ⅳ灰类	灰类等级
均值法	0.2620	0.2881	0.3129	0.1369	Ⅲ
三重差异驱动法	4.4716	4.7282	4.8527	1.8419	Ⅲ

5.5　小　　结

首先对城乡居民信息消费支出的地区差异性进行检验，结果表明：东、中、西部地区之间的差异性显著，多重比较的结果表明地区之间的差异性存在变化。进一步对地区差异程度进行测度，结果表明：城镇居民总体基尼系数呈现先增大后减小的趋势，东–西、东–中部的差距要远大于中–西部；农村居民的总体差异呈下降趋势，东–西部的差距要大于东–中、中–西部；城乡居民的总体差异均主要由区域间引起。通过标准差分析，城乡居民信息消费支出均具有阶段 σ 收敛性。城镇居民信息消费支出不存在绝对 β 收敛的情况，而农村居民具有绝对 β 收敛性。通过引入控制变量，估计结果表明城乡居民信息消费支出均满足条件 β 收敛性，并且引入空间相关性后，收敛性增强。

其次对信息消费的城乡差异性进行测度，结果表明：城乡居民信息消费支出的基尼系数要大于信息消费系数和信息消费倾向。信息消费支出、信息消费系数的主要差异来源仍是城乡间差异，但城乡内部差异的贡献在增大，而信息消费倾向的差异来源有较大波动。

最后基于城乡差异性测度的结论，评价了城乡之间差异的等级和得分。

在研究方法上，首先运用 K-W 检验、Dagum 基尼系数对信息消费的地区差异性进行检验和测度，并且将空间效应引入条件 β 收敛检验中。对城乡间差异则基于多指标 Dagum 基尼系数从三个方面进行测度。其次提出了基于数据客观确定白化权函数的灰色聚类方法，对第Ⅰ、第Ⅳ灰类分别采用下限型和上限型白化权函数来描述，对第Ⅱ、第Ⅲ灰类采用适中型三角白化权函数来描述，从而对各年份的差异等级进行评价。最后采用第一主成分方法评价差异的得分和排名，采用时间赋权法得到整个样本期的差异综合评价值。

第6章 信息消费产品和服务的购前 评价方法

消费者在购买决策过程中存在不同的消费特点,且随着购买介入程度的不同,消费者的购前评价方法也不相同。本章首先分析信息消费产品和服务购买决策过程中消费者主观偏好信息的测度方法,其次分别研究低度介入和高度介入两种不同情形下的购前评价方法,并通过手机套餐业务和家庭电脑购前评价实验,验证所提方法的有效性。

6.1 消费者偏好信息的测度方法

目前关于主观偏好信息的研究成果包括实数、区间数、语言评价值、不确定语言值、互反判断矩阵、模糊互补判断矩阵等。其中,最容易表达消费者偏好的是语言评价值,表达最准确的是实数,区间数和不确定语言值可以描述消费者的不确定心理,而用互反判断矩阵、模糊互补判断矩阵表达消费者偏好则相对复杂一些[170,171]。

实际购买决策过程中,消费者的偏好最容易通过带有模糊性质的语言标度来描述,语言值用来描述消费者的主观偏好信息,不确定语言值用来描述消费者的不确定心理状态。考虑消费者的介入程度的不同,针对 n 种信息产品和服务 $X = \{x_1, x_2, \cdots, x_n\}$,描述其偏好信息的具体方法如下。

6.1.1 语言值

消费者 d_k 针对 n 种信息产品和服务给出语言评价向量为 $v^{(k)} = (v_1^{(k)}, v_2^{(k)}, \cdots, v_n^{(k)})^{\mathrm{T}}$,其中 $v_i^{(k)}$ 表示从预先定义好的自然语言评价集 $S = \{s_0, s_1, \cdots, s_T\}$ 中选择一个元素作为对产品和服务 x_i 购买可能性的判断。实际上,消费者在模糊或不确定情况下进行判断时,很难用一个精确数值来表达其意见,最容易表达偏好信息的形式是自然语言。

本章对由 7 个元素构成的自然语言评价集 $S=\{s_0(很差), s_1(差), s_2(中下), s_3(中), s_4(中上), s_5(好), s_6(很好)\}$ 进行评价[172,173]。S 具有有序性、存在逆运算算子"Neg"、存在极大化运算和极小化运算等性质①。

6.1.2 不确定语言值

记 $\tilde{\mu}=[s_a,s_b], s_a, s_b \in S$ ，s_a 和 s_b 分别表示 $\tilde{\mu}$ 的下限和上限，$\tilde{\mu}$ 表示不确定语言信息，$\tilde{S}$ 表示所有不确定语言信息的集合[154,174]。消费者 d_k 针对 n 种产品和服务给出的不确定语言评价向量为 $\tilde{v}^{(k)}=\left(\tilde{v}_1^{(k)},\tilde{v}_2^{(k)},\cdots,\tilde{v}_n^{(k)}\right)^{\mathrm{T}}$，其中 $\tilde{v}_i^{(k)}$ 表示从不确定语言信息的集合 $\tilde{S}$ 中选择一个元素作为对购买产品和服务 x_i 可能性的判断。为了避免评价信息溢出，可定义拓展语言标度 $\bar{S}=\left\{s_\alpha|\alpha\in[-q,q]\right\}$，其中 q 表示一个充分大的自然数②。

6.2 消费者低度介入情形时的购前评价方法

当消费者介入程度很低时，消费者不会给出对产品和服务影响因素的评价因素，但可能给出对 n 种产品和服务的偏好信息，具体存在三种可能。第一种，消费者对各种产品和服务直接给出语言评价值。第二种，存在不确定心理状态时，给出不确定语言评价值。第三种，给出各种不确定状态下的评价值。

其中，前两种直接给出偏好信息，第三种则考虑可能面临的不确定状态给出偏好信息。当测度出消费者对产品和服务的不同偏好时，可以通过以下方法得出各种产品和服务的评价结论。

6.2.1 直接给出偏好信息的评价方法

1. 语言值的评价方法

根据语言值的有序性，直接利用评价值 $v_i^{(k)}$ 的大小对 n 种产品和服务进行排序并择优。

2. 不确定语言值的评价方法

设 $\tilde{\mu}_1=[s_a,s_b], \tilde{\mu}_2=[s_c,s_d]\in\tilde{S}$ ，$d_{ab}=b-a, d_{cd}=d-c$ ，则 $\tilde{\mu}_1\geqslant\tilde{\mu}_2$ 的可能度定义为[154]

---

① 自然语言评价集 S 一般具有以下性质。a. 有序性。当 $i\geqslant j$ 时，有 $s_i\geqslant s_j$，这里符号"$\geqslant$"是表示"好于或等于"。b. 存在逆运算算子"Neg"。当 $j=T-i$ 时，有 $\mathrm{Neg}(s_i)=s_j$，这里 $T+1$ 表示评估集 S 中元素的个数。c. 极大化运算和极小化运算。当 $s_i\geqslant s_j$ 时，有 $\max(s_i,s_j)=s_i, \min(s_i,s_j)=s_j$。

② 不确定语言信息的运算法则可参阅徐泽水[154]、卫贵武[174]的研究成果，拓展语言标度出现在计算过程中。

$$p\left(\tilde{\mu}_1 \geqslant \tilde{\mu}_2\right) = \max\left\{1 - \max\left(\frac{d-a}{d_{ab}+d_{cd}}, 0\right), 0\right\} \qquad (6\text{-}1)$$

由此定义一组不确定语言评价信息 $\tilde{v}^{(k)} = \left(\tilde{v}_1^{(k)}, \tilde{v}_2^{(k)}, \cdots, \tilde{v}_n^{(k)}\right)^{\mathrm{T}}$，利用式(6-1)对其进行两两比较，建立可能度矩阵 $P^{(k)} = \left(p_{ij}^{(k)}\right)_{n \times n}$，其中 $p_{ij}^{(k)} = p\left(\tilde{v}_i^{(k)} \geqslant \tilde{v}_j^{(k)}\right)$，容易证明可能度矩阵为模糊互补判断矩阵[175]。根据模糊互补判断矩阵的排序方法，可得消费者 d_k 对 n 种产品和服务的评价值为

$$u_i^{(k)} = \frac{\sum\limits_{j=1}^{n} p_{ij}^{(k)} + \frac{n}{2} - 1}{n(n-1)}, i = 1, 2, \cdots, n \qquad (6\text{-}2)$$

利用评价值 $u_i^{(k)}$ 的大小可对 n 种信息产品和服务进行排序并择优选择。

6.2.2　考虑不确定状态的评价方法

消费者会考虑未来发生的各种不确定状态①，但由于介入程度不高，不清楚各状态发生的概率，消费者在各状态 $(\theta_1, \cdots, \theta_j, \cdots, \theta_m)$ 下给出对 n 种产品和服务的评价值如表 6-1 所示。其中，评价值 x_{ij} 表示语言值或不确定语言值。

表 6-1　不确定状态下的评价信息

产品和服务	状态 θ_1	$\cdots$	状态 θ_j	$\cdots$	状态 θ_m
x_1	x_{11}	$\cdots$	x_{1j}	$\cdots$	x_{1m}
$\vdots$	$\vdots$		$\vdots$		$\vdots$
x_i	x_{i1}	$\cdots$	x_{ij}	$\cdots$	x_{im}
$\vdots$	$\vdots$		$\vdots$		$\vdots$
x_n	x_{n1}	$\cdots$	x_{nj}	$\cdots$	x_{nm}

一般情况下，各种产品和服务不可能使消费者完全满意，消费者在消费后会存在一定程度的遗憾，因此可以采用后悔值准则进行评价，从而将遗憾降到最低程度[176]。经典的不确定型决策方法中的收益值均为实数，不适用于低度介入时消费者具有主观偏好的情形，将其拓展至收益值为语言值或不确定语言值，具体分析如下。

后悔值表示在一定自然状态下，消费者没有选择正确的产品和服务而造成的

---

① 一般存在两种及两种以上的不以消费者主观意志为转移的自然状态，并且各种状态出现的概率无法估计。

机会损失，消费者的偏好信息有两种可能，所以后悔值的定义分为两种情况。

定义 1：评价信息为语言值时的后悔值

当消费者的评价信息为语言值时，如 $x_{ij} = s_{ij}$ ，后悔值的定义为 $r_{ij} = s_{T-ij}$ 。

定义 2：评价信息为不确定语言值时的后悔值

当消费者的评价信息为不确定语言值时，如 $x_{ij} = [s_{ij1}, s_{ij2}]$ ，后悔值的定义为

$$r_{ij} = s_{\frac{1}{2}(2T-ij1-ij2)}。$$

从以上后悔值的定义方式可以看出，消费者对产品和服务的评价值与最优评价值之间的差距越大，表明后悔程度越大。依据后悔值评价准则的基本思想，最优评价值是从各种产品和服务的最大后悔值中选择后悔值最小的，因此不确定状态下后悔值准则评价的步骤如下。

步骤 1：根据所要面临的自然状态 $\theta_1, \cdots, \theta_j, \cdots, \theta_m$ ，采用语言值或不确定语言值建立评价矩阵。

步骤 2：计算出各种状态下每个产品和服务的后悔值。

步骤 3：逐一列出各产品和服务的最大后悔值 $\max_{j}(r_{ij})$ 。

步骤 4：比较后悔值，选取其中最小值，即 $\min_{i}\left(\max_{j}(r_{ij})\right)$ ，该值所对应的产品和服务即为最优结果。

6.3　低度介入情形时的购前评价实验

采访在某手机通信公司营业厅欲办理手机通信套餐业务的居民，并邀请他们根据语言值或不确定语言值对待选的四种套餐业务 x_1 、 x_2 、 x_3 、 x_4 (四种套餐的月资费不同，包含不同的通话时长和流量)进行评价，选取四类有代表性且符合低度介入购买特性的居民进行购前评价，详细的实验分析如下。

6.3.1　实验一：居民 1 对各待选套餐给出语言评价值

根据表 6-2 的评价数据，基于语言评价值的有序性，可得 $x_2 \succ x_1 \succ x_3 \succ x_4$ ，即居民 1 倾向于购买第二种套餐业务。

表 6-2　居民 1 的语言评价原始数据

套餐业务	x_1	x_2	x_3	x_4
评价值	s_3	s_4	s_2	s_1

6.3.2 实验二：居民 2 对各待选套餐给出不确定语言评价值

居民 2 的评价数据如表 6-3 所示。

表 6-3 居民 2 的不确定语言评价原始数据

套餐业务	x_1	x_2	x_3	x_4
评价值	$[s_2, s_5]$	$[s_2, s_3]$	$[s_3, s_5]$	$[s_1, s_4]$

根据式(6-1)，计算可能度矩阵为

$$P^{(2)} = \begin{bmatrix} 0.50 & 0.75 & 0.40 & 0.67 \\ 0.25 & 0.50 & 0 & 0.50 \\ 0.60 & 1.00 & 0.50 & 0.80 \\ 0.33 & 0.50 & 0.20 & 0.50 \end{bmatrix}$$

根据式(6-2)，计算出居民 2 的评价值为

$$u^{(2)} = (0.2767, 0.1875, 0.3250, 0.2108)$$

即 $x_3 \succ x_1 \succ x_4 \succ x_2$，居民 2 倾向于购买第三种套餐业务。

6.3.3 实验三：居民 3 对各待选套餐给出各状态下的语言评价值

居民 3 在未来通信量高 θ_1、通信量低 θ_2 两种未知状态下，给出评价信息如表 6-4 所示。可以看出：居民 3 对前两种套餐业务在通信量高时具有较高的评价值，但在通信量低时评价值较低；对第三种套餐业务在两种不确定状态下的评价值差别不大；对第四种套餐业务在通信量低时有较高的评价值。

表 6-4 不确定状态下居民 3 的语言评价原始数据

套餐业务	通信量高 θ_1	通信量低 θ_2
x_1	s_6	s_1
x_2	s_5	s_0
x_3	s_4	s_3
x_4	s_2	s_5

根据后悔值的定义 1，得到不确定状态下居民 3 的后悔值评价数据如表 6-5 所示。

表 6-5　不确定状态下居民 3 的后悔值评价数据

套餐业务	通信量高 θ_1	通信量低 θ_2	$\max_j\left(r_{ij}\right)$
x_1	s_0	s_5	s_5
x_2	s_1	s_6	s_6
x_3	s_2	s_3	s_3
x_4	s_4	s_1	s_4
评价结果	$\min_i\left(\max_j\left(r_{ij}\right)\right)$		s_3

根据后悔值评价准则，居民 3 倾向于购买第三种套餐业务，反映出该居民寻求遗憾最小的保守性格。该套餐在两种状态下的差别不大，是比较稳妥的评价结果。

6.3.4　实验四：居民 4 对各待选套餐给出各状态下的不确定语言评价值

居民 4 在未来通信量高 θ_1、通信量低 θ_2 两种未知状态下，给出不确定评价信息如表 6-6 所示。可以看出：对第一种套餐业务在两种不确定状态下的评价值差别不大；对第二和第三种套餐业务在通信量高时具有较高的评价值，在通信量低时评价值较低；对第四种套餐业务在通信量低时有较高的评价值。

表 6-6　不确定状态下居民 4 的不确定语言评价原始数据

套餐业务	通信量高 θ_1	通信量低 θ_2
x_1	$[s_3, s_5]$	$[s_3, s_4]$
x_2	$[s_4, s_6]$	$[s_1, s_2]$
x_3	$[s_4, s_5]$	$[s_0, s_1]$
x_4	$[s_2, s_3]$	$[s_5, s_6]$

根据后悔值的定义 2，得到不确定状态下居民 4 的后悔值评价数据如表 6-7 所示。

表 6-7　不确定状态下居民 4 的后悔值评价数据

套餐业务	通信量高 θ_1	通信量低 θ_2	$\max_j\left(r_{ij}\right)$
x_1	s_2	$s_{2.5}$	$s_{2.5}$
x_2	s_1	$s_{4.5}$	$s_{4.5}$
x_3	$s_{1.5}$	$s_{5.5}$	$s_{5.5}$
x_4	$s_{3.5}$	$s_{0.5}$	$s_{3.5}$
评价结果	$\min_i\left(\max_j\left(r_{ij}\right)\right)$		$s_{2.5}$

根据后悔值评价准则，居民 4 倾向于购买第一种套餐业务，虽然该居民有一定的不确定心理状态，但仍反映出其寻求遗憾最小的保守性格。

6.4　消费者高度介入情形时的购前评价方法

6.4.1　研究思路

二元语义可以避免语言评价信息集结和运算中出现的信息损失和扭曲，使计算结果更为精确[177,178]，因此很多文献研究了基于二元语义的语言型综合评价(多属性决策)方法[179-187]，但是所提出的决策方法与模糊数评价方法、直接集结语言信息的评价方法及经典的数值型评价方法相比仍显不足。另外，经典的灰色关联分析方法是以数值型问题为背景提出，并不能直接处理语言信息描述的综合评价问题[169]，目前仅有三篇文献研究了此问题的拓展思路：卫贵武和林锐[184]将灰色关联分析方法运用到二元语义的语言型多属性群决策问题中，采取了取平均值的方法对群体评价信息进行集结，但计算差序列的极大值和极小值未拓展至整个决策群体。刘勇等[185]研究了区间二元语义的动态灰色关联群决策方法，对群体评价信息采用了加权平均的方法，但专家的权重获取是一个难点。郭欢等[186]研究了评价信息为混合型二元语义的灰色关联分析方法，将各种评价信息转换为二元语义进行评价，但未研究当权重信息也为二元语义时的决策方法，并且未拓展到群决策情形。

在这些研究的基础上，本节通过定义二元语义灰色关联系数和关联度计算方法，提出一种基于二元语义综合评价的灰色关联分析方法。该方法在计算差序列的极大值和极小值时将范围扩展至整个决策群体，且采用考虑了大多数意见的TOWA(the ordered weighted averaging，有序加权平均)算子集结群体评价信息，避免评价群体(专家)主观赋权的难点，也更符合消费者群体评价的特点。本节将该方法应用于消费者高度介入情形时的信息产品和服务购买决策过程中。

6.4.2　二元语义信息描述方法及其集结算子

二元语义是基于符号平移概念得到的，它采用二元组 (s_i, α_i) 表示语言评价信息[①]。其中元素 s_i 为自然语言评价集 S 中的第 i 个语言短语，表示得到的语言评价信息与评价集中最贴近的语言短语；α_i 为符号转移值，满足 $\alpha_i \in [-0.5, 0.5)$，表示由计算得到的语言信息与最贴近语言短语 s_i 之间的差别[177,178]。

---

① 有关语言短语到二元语义的转换函数 θ、二元语义到数值的转换函数 $\varDelta$、数值到二元语义转换的逆函数 $\varDelta^{-1}$ 的计算方法、二元语义的性质可参阅 Herrera 和 Martinez[177,178]的研究成果。

定义 3：二元语义灰色关联系数计算公式

设二元语义比较序列为

$U = \left\{ \left(u_{ij}, \eta_{ij} \right) \middle| i = 1, 2, \cdots, n, (u_i, \eta_i) = \left((u_{i1}, \eta_1), (u_{i2}, \eta_{i2}), \cdots, (u_{im}, \eta_{im}) \right) \right\}$，二元语义参考序列为 $(u_0, \eta_0) = \left((u_{01}, \eta_{01}), (u_{02}, \eta_{02}), \cdots, (u_{0m}, \eta_{0m}) \right)$，参考序列对各比较序列的绝对差定义为 $\Delta\left(\left| \Delta^{-1}(u_{0j}, \eta_{0j}) - \Delta^{-1}(u_{ij}, \eta_{ij}) \right| \right), j = 1, 2, \cdots, m; i = 1, 2, \cdots, n$，则二元语义灰色关联系数计算如式(6-3)所示。

$$r\left((u_{0j}, \eta_{0j}), (u_{ij}, \eta_{ij}) \right) =$$

$$\Delta\left\{ T \cdot \left[\frac{\Delta^{-1}\left[\min\limits_{i=1}^{n} \min\limits_{j=1}^{m} \Delta\left(\left| \Delta^{-1}(u_{0j}, \eta_{0j}) - \Delta^{-1}(u_{ij}, \eta_{ij}) \right| \right) \right] + \rho \Delta^{-1}\left[\max\limits_{i=1}^{n} \max\limits_{j=1}^{m} \Delta\left(\left| \Delta^{-1}(u_{0j}, \eta_{0j}) - \Delta^{-1}(u_{ij}, \eta_{ij}) \right| \right) \right]}{\left| \Delta^{-1}(u_{0j}, \eta_{0j}) - \Delta^{-1}(u_{ij}, \eta_{ij}) \right| + \rho \Delta^{-1}\left[\max\limits_{i=1}^{n} \max\limits_{j=1}^{m} \Delta\left(\left| \Delta^{-1}(u_{0j}, \eta_{0j}) - \Delta^{-1}(u_{ij}, \eta_{ij}) \right| \right) \right]} \right] \right\},$$

$$i = 1, 2, \cdots, n; j = 1, 2, \cdots, m \tag{6-3}$$

其中，ρ 表示分辨系数，一般取 $\rho = 0.5$；max 和 min 算子按照二元语义的有序性操作。

定义 4：二元语义灰色关联度计算公式

根据得到二元语义灰色关联系数，设 $\left((v_1, \alpha_1'), (v_2, \alpha_2'), \cdots, (v_m, \alpha_m') \right)^{\mathrm{T}}$ 是相应的二元语义序列的权重向量，则二元语义灰色关联度计算公式如式(6-4)所示。

$$r(u_i, \eta_i) = \Delta\left(\frac{\sum\limits_{j=1}^{m}\left[\Delta^{-1} r\left((u_{0j}, \eta_{0j}), (u_{ij}, \eta_{ij}) \right) \times \Delta^{-1}(v_j, \alpha_j') \right]}{\sum\limits_{j=1}^{m} \Delta^{-1}(v_j, \alpha_j')} \right), i = 1, 2, \cdots, n \tag{6-4}$$

6.4.3　基于二元语义关联分析消费者高度介入情形时的购前评价方法

消费者高度介入情形时的评价问题可描述为：l 名消费者对 n 种备选产品和服务进行优劣排序。产品和服务集为 $P = \{x_1, x_2, \cdots, x_n\}$，$U = \{u_1, u_2, \cdots, u_m\}$ 为属性集。消费者集合为 $D = \{d_1, d_2, \cdots, d_l\}$，其中 d_k 表示第 k 名消费者。消费者 d_k 针对属性集给出具有语言形式的权重向量 $v^k = \left(v_1^k, v_2^k, \cdots, v_m^k \right)^{\mathrm{T}}$，其中 v_j^k 表示消费者 d_k 从自然语言评价集 S 中选择一个元素作为对属性 u_j 重要程度的描述。消费者 d_k 给出的具有语言形式的评价矩阵记为 $A^k = \left(a_{ij}^k \right)_{n \times m}$，其中 a_{ij}^k 表示消费者 d_k 从自然语言评价集 S 中选择一个元素作为方案 x_i 对应属性 u_j 的评价值。

根据 6.4.2 小节提出的二元语义信息描述方法及其集结算子，给出基于灰色关联分析思想的二元语义综合评价方法的计算步骤如下。

步骤 1：利用转换函数 θ 将群体的语言评价信息转化为二元语义形式，即根据 $\theta\left(v_j^k\right)=\left(v_j^k,0\right)$ 和 $\theta\left(a_{ij}^k\right)=\left(a_{ij}^k,0\right)$，可得到 $A^k=\left(\left(a_{ij}^k,0\right)\right)_{n\times m}$ 和 $v^k=\left(\left(v_1^k,0\right),\left(v_2^k,0\right),\cdots,\left(v_m^k,0\right)\right)^{\mathrm{T}}$。

步骤 2：根据得到的二元语义形式群体的语言评价矩阵 $A^k=\left(\left(a_{ij}^k,0\right)\right)_{n\times m}$，确定二元语义参考序列为 $\left(a_0,0\right)=\left(\left(a_{01},0\right),\left(a_{02},0\right),\cdots,\left(a_{0m},0\right)\right)$。

$$\left(a_{0j},0\right)=\max\left\{\left(a_{ij}^k,0\right)\Big|i=1,2,\cdots,n;k=1,2,\cdots,l\right\},j=1,2,\cdots,m \tag{6-5}$$

其中，max 算子按照二元语义的有序性操作。

步骤 3：计算单个消费者的二元语义灰色关联系数 $r\left(\left(a_{0j},0\right),\left(a_{ij}^k,0\right)\right)$，可得二元语义灰色关联系数矩阵 $r^k=\left(r\left(\left(a_{0j},0\right),\left(a_{ij}^k,0\right)\right)\right)_{n\times m},k=1,2,\cdots,l$。

$$r\left(\left(a_{0j},0\right),\left(a_{ij}^k,0\right)\right)=$$
$$\Delta\left\{T\cdot\left[\frac{\Delta^{-1}\left[\min\limits_{i=1}^{n}\min\limits_{j=1}^{m}\min\limits_{k=1}^{l}\Delta\left(\left|\Delta^{-1}\left(a_{0j},0\right)-\Delta^{-1}\left(a_{ij}^k,0\right)\right|\right)\right]+\rho\Delta^{-1}\left[\max\limits_{i=1}^{n}\max\limits_{j=1}^{m}\max\limits_{k=1}^{l}\Delta\left(\left|\Delta^{-1}\left(a_{0j},0\right)-\Delta^{-1}\left(a_{ij}^k,0\right)\right|\right)\right]}{\left|\Delta^{-1}\left(a_{0j},0\right)-\Delta^{-1}\left(a_{ij}^k,0\right)\right|+\rho\Delta^{-1}\left[\max\limits_{i=1}^{n}\max\limits_{j=1}^{m}\max\limits_{k=1}^{l}\Delta\left(\left|\Delta^{-1}\left(a_{0j},0\right)-\Delta^{-1}\left(a_{ij}^k,0\right)\right|\right)\right]}\right]\right\},$$
$$i=1,2,\cdots,n;j=1,2,\cdots,m;k=1,2,\cdots,l \tag{6-6}$$

步骤 4：计算单个消费者的二元语义灰色关联度 $r\left(a_i^k,\delta_i^k\right)$；

$$r\left(a_i^k,\delta_i^k\right)=\Delta\left(\frac{\sum\limits_{j=1}^{m}\left[\Delta^{-1}r\left(\left(a_{0j},0\right),\left(a_{ij}^k,0\right)\right)\times\Delta^{-1}\left(v_j^k,0\right)\right]}{\sum\limits_{j=1}^{m}\Delta^{-1}\left(v_j^k,0\right)}\right),i=1,2,\cdots,n;k=1,2,\cdots,l \tag{6-7}$$

步骤 5：计算群体的二元语义灰色关联度

$$r\left(a_i,\delta_i\right)=\phi\left\{r\left(a_i^1,\delta_i^1\right),r\left(a_i^2,\delta_i^2\right),\cdots,r\left(a_i^l,\delta_i^l\right)\right\}=\Delta\left(\sum\limits_{j=1}^{l}w_j r\left(a_i^j,\delta_i^j\right)\right),i=1,2,\cdots,n \tag{6-8}$$

其中，ϕ 表示集结二元语义的 TOWA 算子；$\left(s_j,\alpha_j\right)$ 表示 $\left(s_1,\alpha_1\right),\left(s_2,\alpha_2\right),\cdots,\left(s_l,\alpha_l\right)$ 按大小顺序排在第 j 位的元素；权向量 $w=\left(w_1,w_2,\cdots,w_l\right)^{\mathrm{T}}$ 表示与 TOWA 算子相关联的加权向量，$w_j\geqslant 0\ (j=1,2,\cdots,l)$，$\sum\limits_{j=1}^{l}w_j=1$[①]。

---

① 集结二元语义的 TOWA 算子 ϕ 的定义和性质、权向量的模糊量化方法可参阅文后文献[177]和[178]的研究成果，模糊量化算子可采取"至少一半"、"大多数"和"尽可能多"原则。

步骤 6：根据二元语义的有序性，可对所有的方案进行排序并选择最优的方案。

6.5　高度介入情形时的购前评价实验

邀请欲购买家用台式电脑的某家庭进行购前评价实验，该家庭的三名家庭成员对四款不同的台式电脑 $P = \{x_1, x_2, x_3, x_4\}$ 给出了偏好信息。考虑运行速度、存储空间、价格三个属性，三名家庭成员 $\{d_1, d_2, d_3\}$ 给出的指标权重向量和评价矩阵如表 6-8、表 6-9 所示。对这四款台式电脑进行购前评价，从而选出最优的方案。

表 6-8　各家庭成员给出的指标权重向量

家庭成员	属性 u_1	属性 u_2	属性 u_3
d_1	s_6	s_3	s_0
d_2	s_1	s_2	s_5
d_3	s_1	s_4	s_3

表 6-9　各家庭成员给出的方案评价矩阵

家庭成员	方案	属性 u_1	属性 u_2	属性 u_3
d_1	x_1	s_0	s_6	s_5
	x_2	s_1	s_3	s_6
	x_3	s_2	s_5	s_3
	x_4	s_2	s_4	s_5
d_2	x_1	s_3	s_5	s_4
	x_2	s_4	s_2	s_1
	x_3	s_1	s_6	s_3
	x_4	s_5	s_0	s_5
d_3	x_1	s_5	s_5	s_2
	x_2	s_0	s_1	s_3
	x_3	s_4	s_2	s_4
	x_4	s_3	s_2	s_6

将各家庭成员的指标权重向量和评价矩阵转化为二元语义形式

$$v^1 = \left((s_6, 0), (s_3, 0), (s_0, 0) \right)^{\mathrm{T}}, \quad v^2 = \left((s_1, 0), (s_2, 0), (s_5, 0) \right)^{\mathrm{T}},$$
$$v^3 = \left((s_1, 0), (s_4, 0), (s_3, 0) \right)^{\mathrm{T}}$$

$$A^1 = \begin{pmatrix} (s_0,0) & (s_6,0) & (s_5,0) \\ (s_1,0) & (s_3,0) & (s_6,0) \\ (s_2,0) & (s_5,0) & (s_3,0) \\ (s_2,0) & (s_4,0) & (s_5,0) \end{pmatrix}, \quad A^2 = \begin{pmatrix} (s_3,0) & (s_5,0) & (s_4,0) \\ (s_4,0) & (s_2,0) & (s_1,0) \\ (s_1,0) & (s_6,0) & (s_3,0) \\ (s_5,0) & (s_0,0) & (s_5,0) \end{pmatrix},$$

$$A^3 = \begin{pmatrix} (s_5,0) & (s_5,0) & (s_2,0) \\ (s_0,0) & (s_1,0) & (s_3,0) \\ (s_4,0) & (s_2,0) & (s_4,0) \\ (s_3,0) & (s_2,0) & (s_6,0) \end{pmatrix}$$

确定二元语义参考序列为 $((s_5,0),(s_6,0),(s_6,0))$，可得二元语义灰色关联系数矩阵为

$$r^1 = \begin{pmatrix} (s_2,0.25) & (s_6,0) & (s_5,-0.5) \\ (s_3,-0.43) & (s_3,0) & (s_6,0) \\ (s_3,0) & (s_5,-0.5) & (s_3,0) \\ (s_3,0) & (s_4,-0.4) & (s_5,-0.5) \end{pmatrix}, \quad r^2 = \begin{pmatrix} (s_4,-0.4) & (s_5,-0.5) & (s_4,-0.4) \\ (s_5,-0.5) & (s_3,-0.43) & (s_2,0.25) \\ (s_3,-0.43) & (s_6,0) & (s_3,0) \\ (s_6,0) & (s_2,0) & (s_5,-0.5) \end{pmatrix},$$

$$r^3 = \begin{pmatrix} (s_6,0) & (s_5,-0.5) & (s_3,-0.43) \\ (s_2,0.25) & (s_2,0.25) & (s_3,0) \\ (s_5,-0.5) & (s_3,-0.43) & (s_4,-0.4) \\ (s_4,-0.4) & (s_3,-0.43) & (s_6,0) \end{pmatrix}$$

计算得到单个家庭成员的二元语义灰色关联度为

$$r\left(a_1^1,\delta_1^1\right) = (s_4,-0.5), \quad r\left(a_2^1,\delta_2^1\right) = (s_3,-0.29)$$

$$r\left(a_3^1,\delta_3^1\right) = (s_4,-0.5), \quad r\left(a_4^1,\delta_4^1\right) = (s_3,0.2)$$

$$r\left(a_1^2,\delta_1^2\right) = (s_4,-0.17), \quad r\left(a_2^2,\delta_2^2\right) = (s_3,-0.39)$$

$$r\left(a_3^2,\delta_3^2\right) = (s_4,-0.3), \quad r\left(a_4^2,\delta_4^2\right) = (s_4,0.06)$$

$$r\left(a_1^3,\delta_1^3\right) = (s_4,-0.04), \quad r\left(a_2^3,\delta_2^3\right) = (s_3,-0.47)$$

$$r\left(a_3^3,\delta_3^3\right) = (s_3,0.2), \quad r\left(a_4^3,\delta_4^3\right) = (s_4,-0.01)$$

采用"大多数"原则，模糊量化算子 $F(u)$ 的参数 $(c,e) = (0.3,0.8)$，则 TOWA 算子的权向量为 $w = (0.07,0.66,0.27)^{\mathrm{T}}$，可得整个家庭的二元语义灰色关联度为

$$r(a_1,\delta_1) = (s_4,-0.24), \quad r(a_2,\delta_2) = (s_3,-0.41)$$

$$r(a_3,\delta_3) = (s_3,0.43), \quad r(a_4,\delta_4) = (s_4,-0.22)$$

根据二元语义的有序性可得各待选电脑排序结果为 $x_4 \succ x_1 \succ x_3 \succ x_2$，第四款电脑为该家庭最佳选择方案。

6.6　小　　结

通过对比高度介入和低度介入两种情形，本章分析了消费者在购买决策过程存在的消费特点，而目前对此问题的研究多停留在理论分析的阶段。构建了消费者主观偏好信息的测度方法，给出了消费者在低度和高度介入两种不同情形中信息产品和服务的购前评价方法。

对低度介入情形，构建了消费者直接给出偏好信息的评价方法，并通过定义两种不同的后悔值计算方法，构建了不确定状态下的后悔值购前评价方法。对高度介入情形，通过定义二元语义灰色关联系数和关联度计算公式，将传统上处理数值型评价问题的灰色关联分析方法应用到了具有语言评价信息的问题中。通过四类居民的手机套餐业务购前评价实验和三名家庭成员参与的电脑购前评价实验，验证了所提方法的有效性。

第7章　信息消费效用的评价方法

定量的评价信息消费效用，对于了解居民信息消费的能力、提高信息产品和服务的质量具有重要意义。信息消费效用反映的是消费者消费后的主观感受，不同的人群对同一信息产品或服务的评价会千差万别，正所谓"众口难调"，因此需要有合适的方法能评价个人效用、群体效用、效用的动态变化情况。本章根据信息消费效用的特征，提取消费者在信息消费后取得的绩效指标，构建离散静态和动态贝叶斯网络模型，并通过对宽带使用的评价实验，验证所提方法的有效性。

7.1　信息消费效用的评价指标与方法

7.1.1　信息消费效用的评价指标

评价信息消费效用的主要依据是信息消费者在信息消费后取得的绩效，包括信息消费者通过信息消费获得的满足程度、消费者信息消费行为产生的经济效益和社会效益。信息消费效用包括直接效用和间接效用[21]。

直接效用是直接作用于消费者而产生的心理愉悦感；此外，信息消费还能起到规避风险，使不确定性减少的作用。

根据布鲁克斯方程 $K[S]+\Delta I=K[S+\Delta S]$，消费主体吸收信息 ΔI，使其原有的知识结构 $K[S]$ 发生变化，从而形成新知识结构 $K[S+\Delta S]$。当消费主体把自身获得的新知识应用到生活、工作中，获得相应的信息消费间接效用。

具体评价指标如表 7-1 所示。

表 7-1　信息消费效用的评价指标

评价指标	信息消费效用
心理感受(PE)	直接效用
不确定性消除(UE)	直接效用
信息素质提高(IE)	间接效用
生活水平提高(LE)	间接效用
工作能力提高(WE)	间接效用

7.1.2 基于离散贝叶斯网络模型的信息消费效用评价方法

离散贝叶斯网络模型运用概率论来处理推理过程中的不确定性，目前常用的离散贝叶斯网络模型包括静态和动态两种[①]。

离散静态贝叶斯网络模型描述随机变量间的概率依赖关系，表示为二元组 BN=<G, P>[188]。

(1) 具有 N 个节点的有向无环图 G，节点代表随机变量，节点间的弧代表相互关联关系，满足条件独立性假设。

(2) 每一个节点与父节点之间都对应一个条件概率表，对没有父节点的节点直接使用其先验概率表示。

离散动态贝叶斯网络模型综合了离散静态贝叶斯网络模型和隐马尔可夫模型，由初始网络和转移网络构成。整个网络由有限个时间截面组成，每个时间截面由一个有向无环图和一个条件概率表构成。在离散静态贝叶斯网络模型基础上加入了时间因素，使得事件推理的过程具有前后连续性，适于描述信息消费效用随时间变化的情况[189]。

以一个具有 n 个隐藏节点和 m 个观测节点的离散静态贝叶斯网络模型为例，应用贝叶斯网络的条件独立特性，得到其推理过程为[190]

$$p\big(x_1, x_2, \cdots, x_n \big| y_1, y_2, \cdots, y_m\big) = \frac{\prod\limits_{j} p\big(y_j \big| \mathrm{pa}(y_j)\big) \prod\limits_{i} p\big(x_i \big| \mathrm{pa}(x_i)\big)}{\sum\limits_{x_1, x_2, \cdots, x_n} \prod\limits_{j} p\big(y_j \big| \mathrm{pa}(y_j)\big) \prod\limits_{i} p\big(x_i \big| \mathrm{pa}(x_i)\big)} \tag{7-1}$$

其中，$\mathrm{pa}(y_j)$ 表示 y_j 的父节点的集合，下标 j 表示节点数，$j = 1, 2, \cdots, m$；$\mathrm{pa}(x_i)$ 表示 x_i 的父节点的集合，下标 i 表示节点数，$i = 1, 2, \cdots, n$。

由 T 个时间截面组成的离散动态贝叶斯网络，其每个时间截面仍是一个静态贝叶斯网络。当任意一个可观测节点获取的证据值是单一状态，即每个观测变量只可能处于某一个状态时，其推理过程为[191,192]

$$p\big(x_{11}, x_{12}, \cdots, x_{1n}, \cdots, x_{T1}, x_{T2}, \cdots, x_{Tn} \big| y_{11}, y_{12}, \cdots, y_{1m}, \cdots, y_{T1}, y_{T2}, \cdots, y_{Tm}\big)$$

$$= \frac{\prod\limits_{k, j} p\big(y_{kj} \big| \mathrm{pa}(y_{kj})\big) \prod\limits_{k, i} p\big(x_{ki} \big| \mathrm{pa}(x_{ki})\big)}{\sum\limits_{x_{11}, x_{12}, \cdots, x_{1n}, x_{T1}, x_{T2}, \cdots, x_{Tn}} \prod\limits_{k, j} p\big(y_{kj} \big| \mathrm{pa}(y_{kj})\big) \prod\limits_{k, i} p\big(x_{ki} \big| \mathrm{pa}(x_{ki})\big)} \tag{7-2}$$

$$k = 1, \cdots, T; j = 1, \cdots, m; i = 1, \cdots, n$$

---

① 离散贝叶斯网络模型在处理复杂定性问题方面有其独特的优点，尤其是运用图形结构表现问题涉及因果关系，更符合人们思维习惯，为此本节运用离散贝叶斯网络模型对信息消费效用进行评价。

其中，x_{ki} 表示第 k 个时间截面的第 i 个隐节点；$\mathrm{pa}(x_{ki})$ 表示 x_{ki} 的父节点的集合；y_{kj} 表示第 k 个时间截面的第 j 个隐节点；$\mathrm{pa}(y_{kj})$ 表示 y_{kj} 的父节点的集合。

当观测值为不确定性证据时，需要进行概率加权，相应的推理过程为[191,192]

$$p\left(x_{11},x_{12},\cdots,x_{1n},\cdots,x_{T1},x_{T2},\cdots,x_{Tn}\middle|y_{11o},y_{12o},\cdots,y_{1mo},\cdots,y_{T1o},y_{T2o},\cdots,y_{Tmo}\right)$$

$$=\sum_{\substack{y_{11},y_{12},\cdots,y_{1m},\cdots,\\y_{T1},y_{T2},\cdots,y_{Tm}}}p\left(\begin{array}{c}x_{11},x_{12},\cdots,x_{1n},\cdots,x_{T1},x_{T2},\cdots,x_{Tn}\middle|\\y_{11o},y_{12o},\cdots,y_{1mo},\cdots,y_{T1o},y_{T2o},\cdots,y_{Tmo}\end{array}\right)\times\prod_{k,j}p\left(y_{kj}=y_{kjo}\right) \quad (7\text{-}3)$$

$$k=1,\cdots,T;j=1,\cdots,m;i=1,\cdots,n$$

其中，y_{kjo} 表示第 k 个时间截面里第 j 个观测节点 y_{kj} 的观测状态。

7.2　信息消费效用评价的离散贝叶斯网络模型

7.2.1　信息消费效用的评价流程

采用离散贝叶斯网络模型进行效用评价的基本流程如图 7-1 所示。首先采集居民信息消费数据或是专家知识。其次构建效用评价的离散贝叶斯网络模型，包括节点变量、条件概率表、状态转移概率表。最后进行效用评价结果分析，其中具体评价可分为以下三种情况。

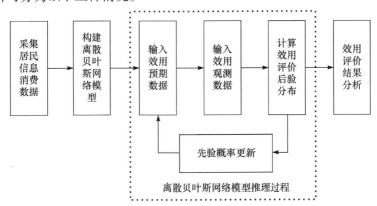

图 7-1　信息消费效用的评价流程

(1) 单个评价者，输入待评价者的效用预期数据和观测数据，使离散贝叶斯网络节点信息更新，通过推理得到效用后验概率分布。

(2) 多个评价者，依次输入各评价者的观测数据，但是每次要用上一名评价者的效用后验概率分布作为下一次推理的先验概率分布。

(3) 动态评价，依次输入初始效用预期和各时间截面的观测数据，通过推理得到效用后验概率分布。

7.2.2　贝叶斯网络节点变量

将信息消费效用(IU)作为根节点，将其各评价指标作为子节点，建立离散静态信息消费效用评价的贝叶斯网络模型，如图 7-2 所示。

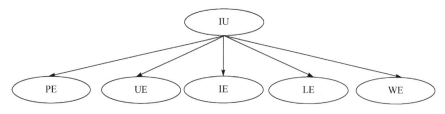

图 7-2　离散静态信息消费效用评价贝叶斯网络模型

将节点划分为五个状态，各变量的状态集合如下。

IU={较低(IU$_1$)、低(IU$_2$)、一般(IU$_3$)、高(IU$_4$)、很高(IU$_5$)}

PE={较低(PE$_1$)、低(PE$_2$)、一般(PE$_3$)、高(PE$_4$)、很高(PE$_5$)}

UE={较低(IE$_1$)、低(IE$_2$)、一般(IE$_3$)、高(IE$_4$)、很高(IE$_5$)}

IE={较低(UE$_1$)、低(UE$_2$)、一般(UE$_3$)、高(UE$_4$)、很高(UE$_5$)}

LE={较低(LE$_1$)、低(LE$_2$)、一般(LE$_3$)、高(LE$_4$)、很高(LE$_5$)}

WE={较低(WE$_1$)、低(WE$_2$)、一般(WE$_3$)、高(WE$_4$)、很高(WE$_5$)}

7.2.3　贝叶斯网络中条件概率表的建立

条件概率表反映的是领域专家对贝叶斯网络中关联节点之间因果关系的看法，是一种专家知识，但是由于信息消费效用的主观性特点，本节从统计平均意义上给出各节点的条件概率矩阵。具体可针对要评价的信息商品和服务进行问卷调查，题项的设置涵盖网络中的所有节点，根据问卷数据采用式(7-4)，获取相应的条件概率。

$$p\left(V_i \mid \mathrm{parent}(V_i)\right) = \frac{p\left(V_i, \mathrm{parent}(V_i)\right)}{p\left(\mathrm{parent}(V_i)\right)}, \quad i = 1,2,3,4,5 \tag{7-4}$$

其中，V_i 表示网络中某一子节点的变量得分；$\mathrm{parent}(V_i)$ 表示相应的信息消费效用节点的变量得分；条件概率表示调查结果中同时对 V_i 和 $\mathrm{parent}(V_i)$ 持相同观点居民人数和对 $\mathrm{parent}(V_i)$ 持相同观点居民人数的比。

以居民家庭宽带使用的效用评价为研究对象，在 2016 年 3 月和 8 月，分别对某小区的居民宽带使用情况进行了两次问卷调查，采用利克特 5 级量表，分值为 1、2、3、4、5，依次对应着居民的评价意见：较低、低、一般、高、很高。一共发放 300 份问卷，回收有效问卷 180 份。下面以 UE 节点为例，给出条件概率矩阵的计算方法，其余子节点的计算方法相同。根据 180 份有效问卷调查数据，IU 和 UE 变量的得分统计数据如表 7-2 所示。

表 7-2　IU、UE 变量统计数据

IU	UE	人数
IU_1	UE_1	7
IU_1	UE_2	10
IU_2	UE_2	8
IU_2	UE_3	5
IU_3	UE_3	69
IU_3	UE_4	62
IU_4	UE_4	8
IU_4	UE_5	6
IU_5	UE_5	5

相应的条件概率为

$$p\left(UE_1 \middle| IU_1\right) = \frac{p\left(UE_1, IU_1\right)}{p\left(IU_1\right)} = \frac{7}{17} = 0.4118$$

$$p\left(UE_2 \middle| IU_1\right) = \frac{p\left(UE_2, IU_1\right)}{p\left(IU_1\right)} = \frac{10}{17} = 0.5882$$

$$p\left(UE_2 \middle| IU_2\right) = \frac{p\left(UE_2, IU_2\right)}{p\left(IU_2\right)} = \frac{8}{13} = 0.6154$$

$$p\left(UE_3 \middle| IU_2\right) = \frac{p\left(UE_3, IU_2\right)}{p\left(IU_2\right)} = \frac{5}{13} = 0.3846$$

$$p\left(UE_3 \middle| IU_3\right) = \frac{p\left(UE_3, IU_3\right)}{p\left(IU_3\right)} = \frac{69}{131} = 0.5267$$

$$p\left(UE_4 \middle| IU_3\right) = \frac{p\left(UE_4, IU_3\right)}{p\left(IU_3\right)} = \frac{62}{131} = 0.4733$$

$$p\left(UE_4 \middle| IU_4\right) = \frac{p\left(UE_4, IU_4\right)}{p\left(IU_4\right)} = \frac{8}{14} = 0.5714$$

$$p\left(UE_5 \middle| IU_4\right) = \frac{p\left(UE_5, IU_4\right)}{p\left(IU_4\right)} = \frac{6}{14} = 0.4286$$

$$p\left(UE_5 \middle| IU_5\right) = \frac{p\left(UE_5, IU_5\right)}{p\left(IU_5\right)} = \frac{5}{5} = 1$$

通过咨询相应领域专家对效用评价贝叶斯网络中节点之间因果关系的看法，也可获得相应的条件概率矩阵。

7.2.4 离散动态贝叶斯网络模型的构建

以上构建的效用网络可用于评价某一时间截面的信息消费效用，但效用反映的是消费者的主观感受，所以某一时间段内信息消费效用可采用离散动态贝叶斯网络模型进行评价，如图 7-3 所示。

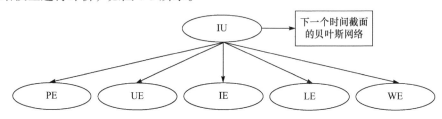

图 7-3　离散动态信息消费效用评价贝叶斯网络模型

可以采取连续多次问卷调查的方式获取状态转移概率矩阵，也可以通过咨询相应领域专家获取。笔者在关于宽带使用情况的两次问卷调查中均设置了题项："您感觉目前家中宽带起的作用大么？"统计出 IU_{t-1} 到 IU_t 题项的得分变动情况，如表 7-3 所示。

表 7-3　IU 题项得分人数的变动情况

t−1	t					人数合计
	IU_1	IU_2	IU_3	IU_4	IU_5	
IU_1	3	5	3	0	0	11
IU_2	2	12	8	2	0	24
IU_3	1	2	45	7	2	57
IU_4	0	0	4	70	2	76
IU_5	0	0	0	2	10	12
人数合计	6	19	60	81	14	180

依据表 7-3 中的数据，得到状态转移概率矩阵 $P(IU_t|IU_{t-1})$

$$P(IU_t|IU_{t-1}) = \begin{pmatrix} 0.2727 & 0.4546 & 0.2727 & 0 & 0 \\ 0.0833 & 0.5000 & 0.3334 & 0.0833 & 0 \\ 0.0175 & 0.0351 & 0.7895 & 0.1228 & 0.0351 \\ 0 & 0 & 0.0526 & 0.9211 & 0.0263 \\ 0 & 0 & 0 & 0.1667 & 0.8333 \end{pmatrix}$$

7.2.5 信息消费效用的计算

针对语言评语值，给定相应的效用值集为 $U=\{u_1(很低)=0, u_2(低)=0.3,$ $u_3(中)=0.5, u_4(高)=0.7, u_5(很高)=1\}$。

将效用后验概率分布转化为效用值 IU 的计算公式如式(7-5)所示。

$$IU = \sum_{i=1}^{5}\left(Bel(IU_i) \times u_i\right) \tag{7-5}$$

其中，$Bel(IU_i)$ 表示效用的后验概率分布。

7.3 评 价 实 验

基于上文构建的离散贝叶斯网络模型，分两个方面进行评价实验：首先对居民宽带使用效用进行单一时间截面的评价；其次评价居民一段时间范围内效用的变化情况[①]。

采用上文构建的离散贝叶斯网络模型进行研究，分成三次实验：分别对居民和居民家庭某一时间截面的信息消费效用进行评价，然后评价居民某一时间段的信息消费效用。

7.3.1 实验一：对居民宽带使用效用进行评价

分别邀请三位居民对家中宽带使用情况进行评价，给出对各子节点的证据信息如表 7-4 所示，其中 IU 列给出的为效用先验概率分布。从中可以看出，居民 1 和居民 2 均具有较高的效用预期但评价信息不同，居民 3 对消费效用预期没有明确看法，但和居民 2 的评价信息相同。

表 7-4 某一时间截面信息消费效用评价实验原始数据

居民	IU	UE	PE	IE	LE	WE
居民 1	0,0.1000,0.2000, 0.4000,0.3000	0,0,0,1,0	0,0,0,1,0	0,0,0,1,0	0,0,0,1,0	0,0,0,1,0
居民 2	0,0.1000,0.2000, 0.4000,0.3000	0.1000,0.2000, 0.3000,0.2000, 0.2000	0.1000,0.1000, 0.3000,0.4000, 0.2000	0.1000,0.3000, 0.3000,0.2000, 0.1000	0.2000,0.2000, 0.3000,0.2000, 0.1000	0.2000,0.3000, 0.3000,0.2000, 0
居民 3	0.2000,0.2000, 0.2000,0.2000, 0.2000	0.1000,0.2000, 0.3000,0.2000, 0.2000	0.1000,0.1000, 0.3000,0.4000, 0.2000	0.1000,0.3000, 0.3000,0.2000, 0.1000	0.2000,0.2000, 0.3000,0.2000, 0.1000	0.2000,0.3000, 0.3000,0.2000, 0

居民 1 的评价结果如图 7-4 所示，从中可以看出信息消费效用的后验概率分

---

① 整个评价实验过程，均采用匹兹堡大学决策系统实验室开发的 GeNIe2 软件完成。

布为(0,0,0.0143,0.9857,0)，评价为高的概率达到99%。

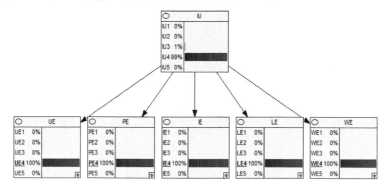

图 7-4　居民 1 的效用评价离散静态贝叶斯网络模型

居民 2 的评价结果如图 7-5 所示，从中可以看出信息消费效用的后验概率分布为(0,0.1806,0.5756,0.2398,0.0040)，评价为一般的概率达到 58%。

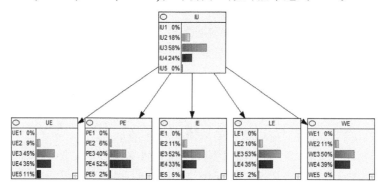

图 7-5　居民 2 的效用评价离散静态贝叶斯网络模型

居民 3 的评价结果如图 7-6 所示，从中可以看出信息消费效用的后验概率分布为(0.0493,0.3241,0.5166,0.1076,0.0024)，评价为一般的概率达到 52%。

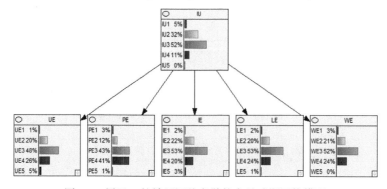

图 7-6　居民 3 的效用评价离散静态贝叶斯网络模型

根据以上后验概率分布情况,绘制效用评价后验概率分布条形图如图7-7所示。

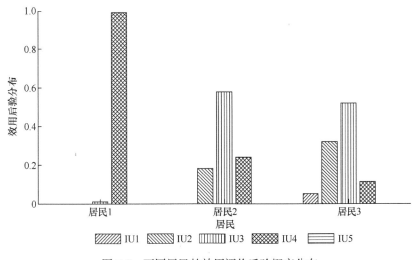

图 7-7　不同居民的效用评价后验概率分布

基于式(7-5),计算出三位居民的效用评价值如表 7-5 所示。可以看出,这三位居民对宽带使用的效用评价值小于效用预期,他们使用宽带后的实际效用小于期望值,且具有相同的效用预期的居民的效用评价值也并不相同。

表 7-5　不同居民的效用评价值

居民	效用预期	效用评价值
居民 1	0.7100	0.6971
居民 2	0.7100	0.5138
居民 3	0.5000	0.4333

7.3.2　实验二:对居民家庭的宽带使用效用进行评价

该受访家庭为三口之家,各成员分别对各子节点给出证据信息如表7-6所示,其中 IU 列给出的为效用先验概率分布。从中可以看出,不同的家庭成员对宽带的预期效用不同,各子节点的评价信息也不相同,成员 1 的观点相对消极,认为家中宽带的作用并不大;而成员 2 和成员 3 的观点较为乐观,认为家中宽带的作用较高。可以认为家中所有成员之间地位平等,采用平均值法计算,得到群体的效用先验概率分布为(0.2000,0.1667,0.1667,0.2000,0.2666)。

表 7-6　家庭信息消费效用评价实验原始数据

成员	IU	UE	PE	IE	LE	WE
成员 1	0.6000,0.3000, 0.1000,0,0	0.2000,0.1000, 0.3000,0.4000,0	0,0.2000,0.4000, 0.2000,0.2000	0.1000,0.2000, 0.3000,0.4000,0	0,0.2000,0.3000, 0.5000,0	0,0,0.6000, 0.4000,0
成员 2	0,0.1000,0.2000, 0.3000,0.4000	0,0.3000,0.4000, 0.3000,0	0.1000,0.2000, 0.2000,0.5000,0	0,0.1000, 0.4000,0.5000,0	0,0,0.2000, 0.5000,0.3000	0,0,1,0,0
成员 3	0,0.1000,0.2000, 0.3000,0.4000	0.1000,0.1000, 0.5000,0.3000,0	0,0.2000, 0.5000,0.3000,0	0,0,0.5000, 0.3000,0.2000	0,0,1,0,0	0,0.1000,0.1000, 0.2000,0.6000

　　该居民家庭对宽带使用的效用评价离散静态贝叶斯网络模型如图 7-8～图 7-10 所示，相应的效用概率分布如图 7-11 所示，可以看出：当融合成员 1 的证据信息时，对宽带使用效果评价为一般的概率为 71%；当融合成员 1、成员 2 的证据信息时，评价为一般的概率为 99%；当融合成员 1、成员 2、成员 3 的证据信息时，评价为一般的概率达到 100%。即随着证据信息的加入，评价结果的准确性有所提高。

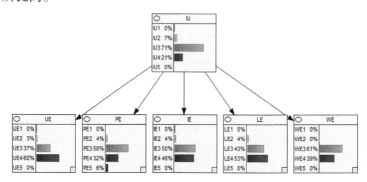

图 7-8　融合成员 1 证据信息的效用评价离散静态贝叶斯网络模型

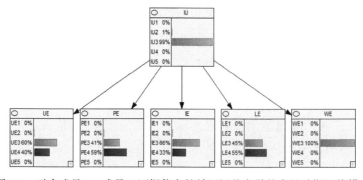

图 7-9　融合成员 1、成员 2 证据信息的效用评价离散静态贝叶斯网络模型

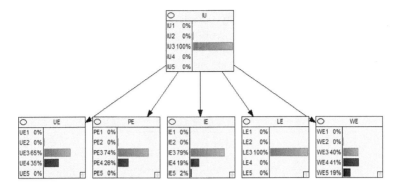

图 7-10　融合成员 1、成员 2、成员 3 证据信息的效用评价离散静态贝叶斯网络模型

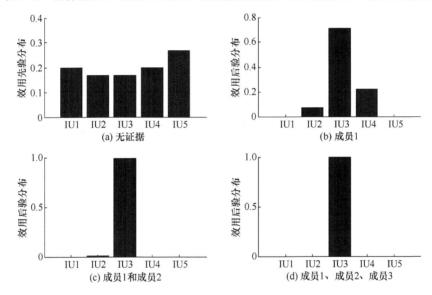

图 7-11　不同证据条件下的效用概率分布

居民家庭对宽带使用的效用评价值如表 7-7 所示，表明该居民家庭的对宽带使用的效用评价值低于初始预期。

表 7-7　不同证据条件下的群体效用评价值

效用	评价值
群体预期	0.5401
成员 1	0.5273
成员 1、成员 2	0.4983
成员 1、成员 2、成员 3	0.5000

7.3.3　实验三：对某一时间段居民宽带使用效用进行评价

连续对某居民进行 5 次采访，获取 5 个时间截面的证据信息如表 7-8 所示。该居民对家中安装宽带时具有较高的期望使用效用，效用的先验概率分布为 (0,0,0.2000,0.3000,0.5000)。

表 7-8　各时间片信息消费效用评价实验原始数据

时间截面	PE	UE	IE	LE	WE
1	0,0,0.3000, 0.3000,0.4000	0,0.1000,0.3000, 0.1000,0.5000	0,0.2000,0.2000, 0.1000,0.5000	0.1000,0.1000, 0.2000,0.2000, 0.4000	0,0,0.2000, 0.3000,0.5000
2	0.1000,0.1000, 0.3000,0.2000, 0.3000	0.1000,0.1000, 0.1000,0.2000, 0.5000	0,0,0.3000, 0.3000,0.4000	0,0.2000,0.2000, 0.2000,0.4000	0,0,0.5000, 0.5000
3	0,0.1000,0.3000, 0.4000,0.2000	0.1000,0.1000, 0.2000,0.4000, 0.2000	0.2000,0.2000, 0.3000,0.3000,0	0.1000,0.2000, 0.3000,0.4000,0	0,0.3000,0.3000, 0.4000,0
4	0.1000,0.3000, 0.2000,0.4000,0	0.3000,0.2000, 0.3000,0.2000,0	0.2000,0.3000, 0.1000,0.4000,0	0.1000,0.3000, 0.2000,0.3000, 0.1000	0.1000,0.3000, 0.3000,0.2000, 0.1000
5	0,0.1000,0.3000, 0.5000,0.1000	0.2000,0.3000, 0.3000,0.2000,0	0.1000,0.2000, 0.4000,0.1000, 0.2000	0.2000,0.3000, 0.5000,0,0	0.2000,0.4000, 0.1000,0.3000,0

采用离散动态贝叶斯网络进行评价，各时间截面效用评价的后验概率分布如表 7-9 所示，绘制变化曲线如图 7-12 中虚线所示，第一个时间截面效用评价为很高的概率达到 91%；第二个时间截面评价为很高的概率降到 64%，高的概率为 34%；第三个时间截面评价为很高的概率降到 0，高的概率为 86%；第四个时间截面评价为高的概率降到 44%，一般的概率为 55%；第五个时间截面评价为高的概率降到 18%，一般的概率为 80%，计算出该居民的效用评价值如表 7-10 所示，将该居民的效用曲线(粗实线表示)也绘制在图 7-12 中。可以看出，前两个时间截面的效用评价值高于效用预期，后三个时间截面的效用评价值低于效用预期。

表 7-9　各时间截面的效用后验概率分布

时间截面	1	2	3	4	5
效用后验概率分布	0,0,0.0214, 0.0675,0.9111	0,0,0.0209, 0.3358,0.6433	0,0.002,0.1374, 0.8624,0	0.0012,0.0066, 0.5509,0.4413,0	0.0011,0.0223, 0.7982,0.1784,0

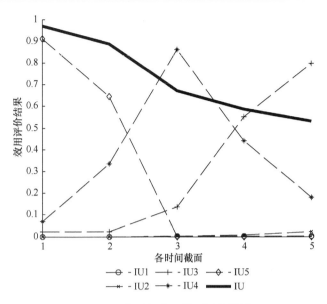

图 7-12　各时间截面效用评价结果

表 7-10　不同时间截面的效用评价值

效用	评价值
预期	0.8100
时间截面 1	0.9690
时间截面 2	0.8888
时间截面 3	0.6724
时间截面 4	0.5864
时间截面 5	0.5307

7.4　小　　结

　　本章依据信息消费获得的满足程度、信息消费行为产生的经济效益和社会效益来评价信息消费效用，提出了包括直接效用和间接效用的评价指标。构建了离散静态和动态贝叶斯网络模型，通过融合消费者的主观效用预期与消费后的评价信息，可以对某一时间截面或时间段的信息消费效用进行评价。

　　通过居民对宽带使用的效用评价实验，获得了定量的效用评价值，验证了该方法的可行性，对其他类似问题也具有较大的参考价值。效用评价结论可以为改善信息产品和服务的质量、提高居民信息消费能力提供指导。针对不同的信息产品和服务进行效用评价时，可以对评价指标进行调整。

参 考 文 献

[1] 中华人民共和国国务院. 国务院关于促进信息消费扩大内需的若干意见[M]. 北京: 人民出版社,2013.

[2] 杨春立. 信息消费: 拉动内需增长的重大领域——信息消费发展特征及政策建议[J]. 中国科学院院刊, 2014, 29(2): 223-230.

[3] 杨春立. 加强信息消费对经济增长促进作用的对策研究[J]. 经济纵横, 2015, (2): 7-12.

[4] 郑丽. 我国居民信息消费及对经济增长和产业结构影响研究[D]. 北京邮电大学博士学位论文, 2014.

[5] 杜蒙蒙. 居民信息消费与经济增长的关系研究[D]. 中国海洋大学硕士学位论文, 2014.

[6] 钟玲玲, 徐春燕, 王战平. 2002～2015 年我国信息消费对经济增长促进作用的实证研究[J]. 情报科学, 2016, 34(11): 80-85.

[7] 杨春立. 加强统计, 科学衡量信息消费水平[N]. 中国工业报, 2013-6-26(第 5 版).

[8] 高素梅. 建立信息消费统计监测体系　完善试点工作部署[J]. 世界电信, 2014, (10): 32-35.

[9] 陈晓春. 消费统计学[M]. 长沙: 湖南人民出版社, 1987.

[10] 易丹辉, 尹德光. 居民消费统计学[M]. 北京: 中国人民大学出版社, 1994.

[11] 郑英隆. 信息消费论纲[J]. 上海社会科学院学术季刊, 1994, (2): 51-59.

[12] 贺修铭. 信息消费概念的确立及其理论基础——兼论信息消费学的建设[J]. 图书情报工作, 1996, (4): 45-51.

[13] 沙勇忠, 高海洋. 关于信息消费的几个理论问题[J]. 图书情报工作, 2001, (5): 28-31, 79.

[14] 朱焱. 我国居民信息消费问题研究[J]. 财贸研究, 2002, (3): 35-37.

[15] 尹世杰. 消费经济学[M]. 北京: 高等教育出版社, 2003.

[16] 徐德云, 徐海俊. 论信息消费及其函数决定[J]. 生产力研究, 2003, (1): 97-98.

[17] 邓胜利. 国内信息消费研究述评[J]. 图书情报工作, 2004, 48(7): 105-109.

[18] 朱红. 信息消费: 理论、方法及水平测度[M]. 北京: 社会科学文献出版社, 2005.

[19] 黎婷, 刘勇. 信息消费界定述评与研究[J]. 图书馆理论与实践, 2007, (1): 56-58.

[20] 马哲明, 靖继鹏. 国内信息消费研究综述[J]. 情报科学, 2007, 25(3): 471-475, 480.

[21] 沈小玲. 我国城镇居民信息消费问题研究[M]. 北京: 人民出版社, 2013.

[22] 任兴洲, 王微, 王青. 新时期我国消费新增长点研究[M]. 北京: 中国发展出版社, 2014.

[23] 王丹中, 赵佩华. 信息消费现状分析与对策研究[M]. 北京: 高等教育出版社, 2014.

[24] 韩秋明. 中国欠发达地区信息服务消费研究——以农民专业合作社为例[M]. 北京: 光明日报出版社, 2016.

[25] 邓胜利. 国外信息消费研究述评[J]. 情报杂志, 2004, 23(1): 26-27.

[26] Machlup F. The Production and Distribution of Knowledge in the United States [M]. Princeton: Princeton University Press, 1962.

[27] Orna E. Information products and presentation in organizations: accident or design? [J]. International Journal of Information Management, 1996, 16(5): 341-351.

[28] Varian H R. Buying, sharing and renting information goods [J]. The Journal of Industrial Economics, 2000, 48(4): 473-488.

[29] Scott J. The frequent information consumer [D]. Florida State University, 1997.

[30] Bure C E. Digital inclusion without social inclusion: the consumption of information and communication technologies (ICTs) within homeless subculture in Scotland [J]. The Journal of Community Informatics, 2005, 1(2): 116-133.

[31] Hitt L, Tambe P. Broadband adoption and content consumption [J]. Information Economics and Policy, 2007, 9(3/4): 362-378.

[32] LaRose R, Strover S, Gregg J L, et al. The impact of rural broadband development: lessons from a natural field experiment [J]. Government Information Quarterly, 2011, 28(1): 91-100.

[33] Mistry P, Samant A. How research assisted the rollout of a mobile agriculture information service [J]. Biochemical Systematics and Ecology, 2012, (6): 102-107.

[34] Meng H L, Ge X Q, Xie M X. Research on factors affecting farmers' network information consumption[J]. Journal of Digital Information Management, 2013, (1): 33-39.

[35] 杨京英, 吴钢华, 阎海琪. 信息消费系数初探[J]. 数据, 2006, (7): 13-15.

[36] 肖霞. 我国各地区城镇居民信息消费力的因子分析与聚类分析[J]. 中国高新技术企业, 2008, (21): 3, 5.

[37] 马秀霞. 我国少数民族地区信息市场与信息消费水平计量分析[J]. 图书馆理论与实践, 2009, (11): 45-47.

[38] 汪卫霞. 我国居民信息消费核算及其特征分析[J]. 情报理论与实践, 2010, 38(8): 47-51.

[39] 樊玮. 信息化背景下的农村居民信息消费研究[D]. 南京邮电大学硕士学位论文, 2010.

[40] 李旭辉, 程刚. 农村信息消费水平实证研究[J]. 重庆科技学院学报(社会科学版), 2011, (23): 58-60.

[41] 李旭辉, 程刚. 农村信息消费水平评价指标体系构建研究[J]. 洛阳理工学院学报(社会科学版), 2012, 27(2): 49-52.

[42] 吴君格, 何宗辉. 中外信息消费比较分析[J]. 经济师, 2014, (6): 11-12, 14.

[43] 臧旭恒. 中国消费函数分析[M]. 上海: 上海人民出版社, 1994.

[44] 孙凤. 消费者行为数量研究–以中国城镇居民为例[M]. 上海: 上海三联书店; 上海人民出版社, 2002.

[45] 张鹏. 我国城镇和农村居民信息消费的比较分析[J]. 统计与信息论坛, 2001, 16(6): 25-28.

[46] 张同利. 我国居民信息消费问题研究[J]. 审计与经济研究, 2005, 20(6): 58-61.

[47] 郑兵云. 中国城镇居民信息消费的差异性研究[J]. 统计与信息论坛, 2007, 22(1): 103-107.

[48] 郭妍, 张立光. 我国居民信息消费函数的实证研究[J]. 当代财经, 2007, (8): 16-19.

[49] 陈燕武. 消费经济学——基于经济计量学视角[M]. 北京: 社会科学文献出版社, 2008.

[50] 马哲明, 靖继鹏. 我国城镇居民信息消费与收入关系研究[J]. 图书情报工作, 2009, 53(20): 98-101.

[51] 马哲明, 李永和. 我国农村居民信息消费与其收入关系研究[J]. 情报科学, 2011, 29(11): 1701-1704.

[52] 王林林, 黄卫东, 仲伟俊. 中国城镇居民信息消费差异性研究[J]. 情报科学, 2010, 28(9): 1392-1396.

[53] 朱琛,蒋南平. 20 世纪 90 年代以来中国城镇居民信息消费问题研究——基于 1993～2008 年经验数据的实证检验[J]. 当代财经, 2011, (3): 22-28.

[54] 刘冬辉, 陈立梅. 江苏省农民收入与信息消费的互动机制及其区域差异性研究[J]. 南京邮电大学学报(社会科学版), 2016, 18(2): 63-72.

[55] 沈小玲. 引入时间约束的信息消费理论模型分析[J]. 情报科学, 2012, 30(3): 395-400.

[56] 田凤平, 周先波, 林健. 中国城乡居民信息消费的半参数估计分析[J]. 统计与信息论坛, 2013, 28(1): 32-40.

[57] 刘单玉. 甘肃农村居民信息消费的现状及影响因素研究[D]. 西北师范大学硕士学位论文, 2014.

[58] 张梦欣. 甘肃农村居民信息消费水平影响因素实证研究[J]. 产业与科技论坛, 2014, 13(21): 95-97.

[59] 岳琴, 葛继平, 张凤海. "一带一路" 枢纽省市信息消费水平影响因素实证研究[J]. 云南民族大学学报(哲学社会科学版), 2016, 33(3): 142-148.

[60] Naik N Y, Moore M J. Habit formation and intertemporal substitution in individual food consumption [J]. Review of Economics and Statistics, 1996, 78(2): 321-328.

[61] Dynan K E. Habit formation in consumer preferences: evidence from panel data [J]. The American Economic Review, 2000, 90(3): 391-406.

[62] Guariglia A, Rossi M. Consumption, habit formation, and precautionary saving: evidence from British household panel survey [J]. Oxford Economic Papers, 2002, 54(1): 1-19.

[63] Angelini V. Consumption and habit formation when time horizon is finite [J]. Economics Letters, 2009, 103(2): 113-116.

[64] Alessie R, Teppa F. Saving and habit formation: evidence from Dutch panel data [J]. Empirical Economics, 2010, 38(2): 385-407.

[65] 崔海燕, 范纪珍. 习惯形成与中国城镇居民信息消费行为——基于省级动态面板数据的实证分析[J]. 情报科学, 2012, 30(5): 657-661.

[66] 崔海燕. 习惯形成对我国农村居民信息消费的影响[J]. 情报科学, 2014, 32(3): 76-80.

[67] 艾春荣, 汪伟. 习惯偏好下的中国居民消费的过度敏感性——基于1995～2005年省际动态面板数据的分析[J]. 数量经济技术经济研究, 2008, 25(11): 98-114.

[68] 杭斌. 习惯形成下的农户缓冲储备行为[J]. 经济研究, 2009, 44(1): 96-105.

[69] 杭斌, 郭香俊. 基于习惯形成的预防性储蓄——中国城镇居民消费行为的实证分析[J]. 统计研究, 2009, 26(3): 38-43.

[70] 闫新华, 杭斌. 内、外部习惯形成及居民消费结构——基于中国农村居民的实证研究[J]. 统计研究, 2010, 27(5): 32-40.

[71] 贾男, 张亮亮, 甘犁. 不确定性下农村家庭食品消费的"习惯形成"检验[J]. 经济学(季刊), 2011, 11(1): 327-348.

[72] 崔海燕, 范纪珍. 内部和外部习惯形成与中国农村居民消费行为——基于省级动态面板数据的实证分析[J]. 中国农村经济, 2011, (7): 54-62.

[73] 黄娅娜, 宗庆庆. 中国城镇居民的消费习惯形成效应[J]. 经济研究, 2014, 49(s1): 17-28.

[74] 陈燕武, 邓兴磊. 我国城乡居民信息消费比较研究[J]. 华侨大学学报(哲学社会科学版), 2016, (1): 48-55.

[75] 马骊, 孙敬水. 我国居民消费与收入关系的空间自回归模型研究[J]. 管理世界, 2008, (1): 167, 168.

[76] 孙爱军. 中国省域农民消费的空间计量分析[J]. 农村经济, 2009, (8): 52-56.

[77] 林文芳. 区域性偏好与城乡居民消费差异[J]. 统计研究, 2009, 26(11): 87-92.

[78] 孙爱军. 城镇居民消费的区域特征研究——基于中国省际数据的空间计量分析[J]. 消费经济, 2010, 26(5): 7-11.

[79] 苏方林, 李臣, 张瑞. 省域城镇居民消费面板数据的空间计量分析[J]. 湖南财政经济学院学报, 2011, 27(6): 48-53.

[80] 杨瑞琼, 杭斌. 预防性储蓄的空间探索[J]. 统计研究, 2012, 29(11): 31-35.

[81] 焦志伦. 中国城市消费的空间分布与空间相关关系研究[J]. 经济地理, 2013, 33(7): 41-46.

[82] 郑英隆, 王勇. 我国城乡居民信息消费的结构差异成长[J]. 经济管理, 2009, 31(1): 152-159.

[83] 郑英隆. 基于发展方式转变的我国城乡居民信息消费差异研究述评(2006-2011)[J]. 图书馆论坛, 2013, 33(2): 17-25.

[84] 陈燕武, 翁东东. 福建省城乡居民信息消费比较及对策建议[J]. 泉州师范学院学报(自然科学), 2006, 24(2): 45-49.

[85] 王平, 陈启杰. 基于 ARMA 模型的我国城乡居民信息消费差距分析[J]. 消费经济, 2009, 25(5): 3-6.

[86] 肖婷婷. 我国城乡居民信息消费比较——基于 2000～2007 年的实证[J]. 经济问题, 2010, 366(2): 46-48.

[87] 朱琛, 孙虹乔. 我国城乡居民信息消费的比较分析: 基于 1992～2008 年的实证[J]. 图书情报工作网刊, 2010, (12): 37-41.

[88] 陈晓华. 广西城乡居民信息消费分化影响因素研究[J]. 商业研究, 2012, (8): 55-63.

[89] 陈立梅, 郑凯旋. 江苏省城乡居民信息消费差异性研究[J]. 南京邮电大学学报(社会科学版), 2014, 16(4): 23-32, 67.

[90] 唐天伟, 欧阳瑾. 我国城乡居民信息消费与收入差距的实证分析[J]. 国家行政学院学报, 2016, (3): 81-85.

[91] 叶元龄, 赖茂生. 我国农村居民信息消费需求的区域比较[J]. 情报杂志, 2012, 31(5): 144-149, 160.

[92] 陈立梅, 刘冬辉, 黄卫东. 中国农村居民信息消费的差异分析——基于恩格尔系数视角[J]. 图书馆理论与实践, 2013, (12): 34-37.

[93] 张红历, 梁银鹤. 中国省域城镇居民信息消费差异分析[J]. 情报科学, 2016, 34(2): 9-14.

[94] 陈立梅, 刘冬辉. 江苏省农村信息消费差异的动态变化及空间分解——基于泰尔指数的实证分析[J]. 华东经济管理, 2016, 30(2): 21-26.

[95] 刘伟. 我国农村信息消费水平的空间相关性及区域收敛性分析[J]. 商业经济研究, 2016, (23): 142-144.

[96] 张肃. 我国城镇居民信息消费支出的收敛性研究——基于空间面板模型的实证分析[J]. 工业技术经济, 2016, 35(7): 112-120.

[97] 张肃. 中国城镇居民信息消费水平估计与收敛性分析[J]. 统计与信息论坛, 2016, 31(9): 78-82, 112.

[98] 张肃. 中国城乡居民信息消费差异性的面板协整分析[J]. 统计与决策, 2017, (1): 127-130.

[99] Brocas I, Carrillo J D. The value of information when preferences are dynamically inconsistent [J]. European Economic Review, 2000, 44(4/5/6): 1104-1115.

[100] Fishman A, Simhon A. Investment in quality under asymmetric information with endogenously informed consumers [J]. Economics Letters, 2000, 68(3): 327-332.

[101] Nunes P A L D. Using factor analysis to identify consumer preferences for the protection of a natural area in Portugal [J]. European Journal of Operational Research, 2002, 140(2): 499-516.

[102] 刘佳刚, 刘乐山. 非理性消费行为理论与实证分析[J]. 消费经济, 2006, 22(1): 85-88.

[103] 朱红. 信息消费水平测度方法研究[J]. 情报科学, 2006, 24(2): 175-179.

[104] 雷霞. 消费者购买决策过程的实证分析[D]. 广西大学硕士学位论文, 2007.

[105] 陈国平. 顾客服务购买决策规则与模型构建[J]. 武汉大学学报(哲学社会科学版), 2008, 61(3): 427-431.

[106] 孙瑾. 消费者服务购买决策过程的影响机制研究[M]. 北京: 中国社会科学出版社, 2010.

[107] wa Kabecha W. Consumer judgement of the quality of informal sector product lessons for innovative microentrepreneurs [J]. Technovation, 1997, 17(2): 91-100, 105.

[108] Fitzgerald M A. The cognitive process of information evaluation in doctoral students: a collective case study [J]. Journal of Education for Library and Information Science, 2000, 41(3): 170-186.

[109] Ismail B, Haffar I, Baalbaki R, et al. Development of a total quality scoring system based on consumer preference weightings and sensory profiles: application to fruit dates (Tamr) [J]. Food Quality and Preference, 2001, 22(8): 499-506.

[110] 韩永青. 用户信息消费的 TPB 模型及分析[J]. 图书情报工作, 2008, 52(4): 32-34, 92.

[111] 张莹, 杜克田. 消费者信息处理方式研究综述: 基于商品评价的视角[J]. 技术经济, 2008, 27(8): 79-84.

[112] 熊励, 陈峰, 彭润华. 基于聚类分析的证券业信息服务评价模型研究[J]. 图书情报工作, 2009, 53(16): 95-99.

[113] 陆卫, 张宁, 陈晖, 等. 城市轨道交通出行者信息服务水平评价[J]. 城市轨道交通研究, 2010, 13(3): 31-34.

[114] 马武彬, 邓苏, 黄宏斌, 等. Web 服务中一种面向用户群偏好向量的计算方法[J]. 计算机应用研究, 2010, 27(7): 2517-2519.

[115] 冯秀珍, 高晶莹, 金悦平. 基于证据理论的信息服务成熟度评价模型研究[J]. 情报科学, 2011, 29(4): 548-551, 595.

[116] Vandenberg J J. Risk assessment and research: an essential link [J]. Toxicology Letters, 1995, 79(1/2/3): 17-22.

[117] 陈建龙. 论信息效用及其实现过程[J]. 北京大学学报(哲学社会科学版), 1996, (3): 36-40.

[118] Oh C J, Chang S G. Incentives for strategic vertical alliances in online information product markets [J]. Information Economics and Policy, 2000, 12(2): 155-180.

[119] 金燕. 信息消费质量: 含义、评估及提高[J]. 情报资料工作, 2002, (1): 15, 26-27.

[120] 李霞, 戴昌钧. 信息商品效用的模糊综合评价研究[J]. 情报理论与实践, 2009, 32(12): 71-72, 83.

[121] 马立平. 居民消费行为的定量研究——以北京市为例[M]. 北京: 首都经济贸易大学出版社, 2009.

[122] 张浩, 王永贵. 基于 Agent 的消费者行为建模方法研究进展[J]. 统计与决策, 2009, (15):

158-159.

[123] 晏艳阳, 宋美喆. 中国省级政府财政支出在缩小城乡生活质量差距上的效率及影响因素 分析[J]. 财贸研究, 2013, 24(2): 69-77.

[124] Barro R J, Sala-i-Martin X. Convergence across states and regions[J]. Brookings Papers on Economic Activity, 1991, 22(1): 107-182.

[125] 吴玉鸣, 陈志建. 居民消费水平的空间相关性与地区收敛分析[J]. 世界经济文汇, 2009, (5): 76-89.

[126] 林光平, 龙志和. 空间经济计量: 理论与实证[M]. 北京: 科学出版社, 2014.

[127] 所罗门 M R, 卢泰宏. 消费者行为学[M]. 6 版. 北京: 电子工业出版社, 2006.

[128] 西蒙 H A. 现代决策理论的基石[M]. 杨砾, 徐立译. 北京: 北京经济学院出版社, 1989.

[129] 霍金斯 D I, 贝斯特 R J, 科尼 K A. 消费者行为学[M]. 符国群, 译. 北京: 机械工业出 版社, 2003.

[130] 阿塞尔 H. 消费者行为和营销策略[M]. 韩德昌, 等译. 北京: 机械工业出版社, 2000.

[131] 华海英. 信息商品的效用及边际效用探讨[J]. 图书情报工作, 2002, (10): 62-65.

[132] 娄策群, 王颖. 文娱类信息消费的边际效用分析[J]. 情报科学, 2009, 27(5): 754-757, 782.

[133] 娄策群, 王颖. 知识类信息消费的边际效用分析[J]. 图书情报工作, 2009, 53(6): 126-129.

[134] 吴丹涛. 对边际效用递减规律的再认识[J]. 惠州学院学报(社会科学版), 2008, 28(4): 75-78.

[135] 符晓燕, 孙亚君. 微观经济学[M]. 北京: 人民邮电出版社, 2013.

[136] 杭斌, 申春兰. 经济转型中消费与收入的长期均衡关系和短期动态关系——中国城镇居 民消费行为的实证分析[J]. 管理世界, 2004, (6): 25-32.

[137] 沈晓栋, 赵卫亚. 我国城镇居民消费与收入的动态关系——基于非参数回归模型的实证 分析[J]. 经济科学, 2005, (1): 18-22.

[138] 郭亚军, 郑少锋. 我国农村居民消费与收入动态关系的非参数回归分析[J]. 西安电子科 技大学学报(社会科学版), 2007, 17(6): 62-66.

[139] 刘长庚, 吕志华. 改革开放以来我国居民边际消费倾向的实证研究[J]. 消费经济, 2005, 21(4): 44-47.

[140] 谢子远, 王合军, 杨义群. 农村居民消费倾向的变参数估计及其演化机理分析[J]. 数量经 济技术经济研究, 2007, 24(5): 43-52.

[141] 区晶莹, 蒋文钊, 俞守华. 广东城镇居民信息消费边际倾向研究[J]. 仲恺农业工程学院学 报, 2015, (4): 61-65.

[142] 贺铿. 经济计量学教程[M]. 北京: 中国统计出版社, 2010.

[143] 李子奈, 叶阿忠. 高级应用计量经济学[M]. 北京: 清华大学出版社, 2012.

[144] 张晓峒. 应用数量经济学[M]. 北京: 机械工业出版社, 2009.

[145] 叶阿忠. 非参数计量经济学[M]. 天津: 南开大学出版社, 2003.

[146] 陈强. 高级计量经济学及 Stata 应用[M]. 北京: 高等教育出版社, 2014.

[147] Silverman B W. Density Estimation for Statistics and Data Analysis [M]. London: Chapman and Hall, 1986.

[148] Quah D. Galton's fallacy and tests of the convergence hypothesis [J]. The Scandinavian Journal of Economics. 1993, 95(4): 427-443.

[149] 谢中华. MATLAB 统计分析与应用: 40 个案例分析[M]. 北京: 北京航空航天大学出版社, 2010.

[150] 李柏年, 吴礼斌. MATLAB 数据分析方法[M]. 北京: 机械工业出版社, 2012.

[151] 阎慈琳. 关于用主成分分析作综合评价的若干问题[J]. 数理统计与管理, 1998, (2): 22-25.

[152] 郭亚军. 综合评价理论与方法[M]. 北京: 科学出版社, 2002.

[153] 郭亚军. 综合评价理论、方法及拓展[M]. 北京: 科学出版社, 2012.

[154] 徐泽水. 不确定多属性决策方法及应用[M]. 北京: 清华大学出版社, 2004.

[155] 王星. 非参数统计[M]. 北京: 中国人民大学出版社, 2005.

[156] Anselin L. Spatial Econometrics: Methods and Models [M]. Dordrecht: Kluwer Academic Publishers, 1988.

[157] LeSage J, Pace R K. Introduction to Spatial Econometrics [M]. Boca Raton: CRC Press, 2009.

[158] Deaton A. Understanding Consumption [M]. New York: Oxford University Press, 1992.

[159] Lee L F. Asymptotic distribution of quasi-maximum likelihood estimators for spatial autoregressive models [J]. Econometrica, 2004, 72(6): 1899-1925.

[160] Lee L F, Yu J H. A spatial dynamic panel data model with both time and individual fixed effects [J]. Econometric Theory, 2010, 26(2): 564-597.

[161] Lee L F, Yu J H. Some recent developments in spatial panel data models [J]. Regional Science and Urban Economics, 2010, 40(5): 255-271.

[162] Yu J H, de Jong R, Lee L F. Estimation for spatial dynamic panel data with fixed effects: the case of spatial cointegration [J]. Journal of Econometrics, 2012, 167(1): 16-37.

[163] Elhorst J P, Zandberg E, de Haan J. The impact of interaction effects among neighbouring countries on financial liberalization and reform: a dynamic spatial panel data approach [J]. Spatial Economic Analysis, 2013, 8(3): 293-313.

[164] Elhorst J P. Spatial Econometrics from Cross-section Data to Spatial Panels [M]. Berlin: Springer-Verlag Press, 2014.

[165] Dagum C. A new approach to the decomposition of the Gini income inequality ratio [J]. Empirical Economics, 1997, 22(4): 515-531.

[166] 刘小勇, 丁焕峰. 区域公共卫生服务收敛性研究——基于动态空间面板模型的实证分析 [J]. 经济评论, 2011, (4): 70-78.

[167] Baltagi B. Panel Data Econometrics [M]. New York: Routledge Press, 2014.

[168] 陈明华, 刘华军, 孙亚男. 中国五大城市群金融发展的空间差异及分布动态: 2003～2013 年[J]. 数量经济技术经济研究, 2016, 33(7): 130-144.

[169] 刘思峰, 谢乃明. 灰色系统理论及其应用 [M]. 6 版. 北京: 科学出版社, 2013.

[170] Herrera F, Herrera-Viedma E, Verdegay J L. A linguistic decision process in group decision making [J]. Group Decision and Negotiation, 1996, 5(2): 165-176.

[171] Chiclana F, Herrera F, Herrera-Viedma E. Integrating three representation models in fuzzy multipurpose decision making based on fuzzy preference relations [J]. Fuzzy Sets and Systems, 1998, 97(1): 33-48.

[172] Herrera F, Herrera-Viedma E, Verdegay J L. Choice process for non-homogeneous group decision making in linguistic setting [J]. Fuzzy Sets and Systems, 1998, 94(3): 287-308.

[173] Herrera F, Herrera-Viedma E. Linguistic decision analysis: steps for solving decision problems under linguistic information [J]. Fuzzy Sets and Systems, 2000, 115(1): 67-82.

[174] 卫贵武. 基于模糊信息的多属性决策理论与方法[M]. 北京: 中国经济出版社, 2010.

[175] 徐泽水. 模糊互补判断矩阵排序的一种算法[J]. 系统工程学报, 2001, 16(4): 311-314.

[176] 《运筹学》教材编写组. 运筹学[M]. 北京: 清华大学出版社, 1990.

[177] Herrera F, Martinez L. A 2-tuple fuzzy linguistic representation model for computing with words [J]. IEEE Transaction on Fuzzy Ssystems, 2000, 8(6): 746-752.

[178] Herrera F, Martinez L. A model based on linguistic 2-tuples for dealing with multigranular hierarchical linguistic contexts in multi-expert decision-making [J]. IEEE Transaction on Systems, Man, and Cybernetics, Part B(Cybernetics), 2001, 31(2): 227-234.

[179] 王欣荣, 樊治平. 基于二元语义信息处理的一种语言群决策方法[J]. 管理科学学报, 2003, 6(5): 1-5.

[180] 姜艳萍, 樊治平. 具有语言信息的多指标群体综合评价[J]. 东北大学学报(自然科学版), 2005, 26(7): 703-706.

[181] 廖貅武, 李垣, 董广茂. 一种处理语言评价信息的多属性群决策方法[J]. 系统工程理论与实践, 2006, 26(9): 90-98.

[182] 李洪燕, 樊治平. 一种基于二元语义的多指标群决策方法[J]. 东北大学学报(自然科学版), 2003, 24(5): 495-498.

[183] 弓晓敏, 耿秀丽, 孙绍荣. 基于二元语义 DEMATEL 和 DEA 的多属性群决策方法[J]. 计算机集成制造系统, 2016, 22(8): 1992-2000.

[184] 卫贵武, 林锐. 基于二元语义多属性群决策的灰色关联分析法[J]. 系统工程与电子技术, 2008, 30(9): 1686-1689.

[185] 刘勇, Forrest J, 刘思峰. 基于区间二元语义的动态灰色关联群决策方法及应用[J]. 系统工程与电子技术, 2013, 35(9): 1915-1922.

[186] 郭欢, 肖新平, Forrest J, 等. 基于二元语义一致性的混合多属性灰关联决策[J]. 控制与决策, 2014, 29(5): 880-884.

[187] 姜艳萍, 樊治平. 二元语义信息集结算子的性质分析[J]. 控制与决策, 2003, 18(6): 754-757.

[188] Friedman N, Geiger D, Goldszmidt M. Bayesian network classifiers [J]. Machine Learning, 1997, 29(2/3): 131-163.

[189] Boudali H, Dugan J B. A continuous-time Bayesian network reliability modeling and analysis framework [J]. IEEE Transactions on Reliability, 2006, 55(1): 86-97.

[190] 唐政, 高晓光. 基于离散动态贝叶斯网络的辐射源目标识别研究[J]. 系统仿真学报, 2009, 21(1): 117-120, 126.

[191] Marquez D, Neil M, Fenton N. Improved reliability modeling using Bayesian networks and dynamic discretization [J]. Reliability Engineering & System Safety, 2010, 95(4): 412-425.

[192] 高晓光, 陈海洋, 等. 离散动态贝叶斯网络推理及其应用[M]. 北京: 国防工业出版社, 2016.